प्राचीन काव्य

सम्पादक

प्रोफ़ेसर श्रीराम शर्मा

प्रोफ़ेसर एवं अध्यक्ष
हिन्दी विभाग
हिमाचल प्रदेश विश्वविद्यालय
शिमला

वाणी प्रकाशन

वाणी प्रकाशन
4695, 21-ए, दरियागंज, नयी दिल्ली 110 002
शाखा
अशोक राजपथ, पटना 800 004
फ़ोनः +91 11 23273167 फ़ैक्स: +91 11 23275710
www.vaniprakashan.in
vaniprakashan@gmail.com
PRACHINKAVYA
Edited by Prof. Sriram Sharma
ISBN : 978-93-5000-784-6
Poetry

संस्करण 2010, 2011
आवृत्ति 2014
मूल्य : ₹70

शुभम् ऑफ़सेट, दिल्ली-110 032 में मुद्रित
वाणी प्रकाशन का लोगो मक़बूल फ़िदा हुसेन की कूची से

भूमिका

इस संकलन में हिन्दी साहित्य के मध्यकालीन कवियों की रचनाएँ प्रस्तुत की गई हैं। प्रयास किया गया है कि कवि और कविताएँ यथा सम्भव प्रतिनिधि हों। हिन्दी काव्य धारा के विकास चरणों को आदिकाल, भक्तिकाल, रीतिकाल और आधुनिक काल यात्रा खण्डों में विभाजित किया गया है। युग विशेष में काव्य की विशेष प्रधान प्रवृत्ति को ही हिन्दी साहित्य के इतिहासकारों ने काल विभाजन का आधार माना है। जिस युग में जिस विषय पर अधिक काव्य रचना हुई है, उसके नाम पर युग का नामकरण भी कर दिया गया है। आदिकाल 10वीं वि. से 14वीं वि. तक, भक्तिकाल 14वीं वि. से 1700वीं वि., रीतिकाल 17वीं वि. से 19वीं वि. और आधुनिक काल (गद्यकाल) 19वीं वि. से वर्तमान तक माना जाता है। 10वीं शताब्दी के आस-पास हिन्दी भाषा में जो साहित्य मिलता है, उसमें विषय और काव्य रूपों की दृष्टि से अनेक प्रवृत्तियाँ विद्यमान रही हैं। आदिकाल में जो साहित्य राजाओं की प्रशंसा में लिखा गया है, उसमें प्रायः युद्धों का वर्णन अवश्य है। युद्धों का कारण एक-दूसरे के राज्य पर चढ़ाई या राजकुमारियों से विवाह का यत्न है। इस काल के साहित्य में वीर गाथात्मकता की प्रवृत्ति प्रधान मिलती है, इसलिए इसे वीर गाथा काल भी कहते हैं। इस काल के काव्य में शृंगार भी कम नहीं है।

14वीं शताब्दी के कवि विद्यापति की दो रचनाओं कीर्तिलता और पदावली से स्पष्ट हो जाता है कि अपभ्रंश में साहित्य रचने की प्रणाली पुरानी है और देशी भाषाएँ इतनी विकसित हो गई हैं कि पदावली जैसी उत्कृष्ट रचनाएँ की जा सकें। 14वीं शताब्दी तक खड़ी बोली का प्राञ्जल रूप निखर आया था। आचार्य हजारी प्रसाद द्विवेदी का विचार है कि वास्तविक हिन्दी साहित्य का प्रारम्भ भक्तिकाल से होता है। भक्ति की निर्गुण और सगुण दो धाराएँ रही हैं। भक्ति आन्दोलन लोकोन्मुख सामाजिक आन्दोलन भी था। इसके पीछे कुछ विशिष्ट ऐतिहासिक स्थिति थी। निर्गुण भक्त कवियों ने ज्ञान साधना और प्रेम साधना पर बल दिया है। ज्ञान साधना पर बल देने वाले कवियों ने निर्गुण-निराकार ब्रह्म की उपासना पर बल दिया। इस धारा के कवियों में कबीर, धर्मदास, रैदास, गुरु नानक, सुन्दरदास आदि मुख्य हैं। प्रेम मार्गी शाखा के कवियों ने प्रायः सूफी मत से प्रभावित रहकर काव्य रचना की।

सूफी कवियों में अधिकांश कवि मुस्लिम थे, किन्तु इन्होंने प्रायः हिन्दुओं की प्रसिद्ध लोक कथाओं के आधार पर काव्य रचना की। जायसी, कुतुबन, मंझन, उसमान और शेखा नबी इस काव्य धारा के प्रमुख कवि हैं।

सगुण भक्ति काव्य में ईश्वर के सगुण साकार रूप की उपासना पर बल दिया है। राम काव्य और कृष्ण काव्य इसकी दो प्रमुख उपधाराएँ रही हैं। राम धारा के कवियों ने राम को अपना परम आराध्य और समस्त मानवीय मूल्यों का प्रतीक बनाया। तुलसीदास, केशवदास, अग्रदास तथा नाभादास इस धारा के प्रमुख कवि हैं। कृष्ण भक्त कवियों ने श्रीकृष्ण को परब्रह्म मानकर कृष्ण की विभिन्न लीलाओं का मनोहारी वर्णन किया है। सूरदास, नंददास, परमानन्ददास, कृष्णदास, छीतस्वामी, गोविन्दस्वामी, मीराँ, रसखान, ध्रुवदास, हित हरिवंश, श्री भद्र आदि ने कृष्ण काव्य की सरस रचना की है।

रीतिकालीन काव्य में शृंगार रस और कलात्मकता का मुख्य स्थान रहा है। शृंगार की रचनाओं की प्रेरणा दरबारी वातावरण रहा है! आश्रयदाता की रुचि के अनुकूल रची गई शृंगारी कविताओं को दरबारी कविता कहा जाता है।

रीति कालीन काव्य में नख-शिख वर्णन, नायक-नायिका भेद, षट् ऋतु, बारह मासा वर्णन आदि को परम्पराबद्ध रूप में प्रस्तुत किया गया है। इस युग के आचार्य कवियों में चिन्तामणि, मतिराम, देव, भिखारीदास और पद्माकर उल्लेखनीय हैं। बिहारी और घनानन्द आदि कवियों ने ब्रज भाषा का अत्यन्त स्वच्छ और सुष्ठु प्रयोग किया है। आचार्य कवियों के अतिरिक्त इस युग में बिहारी, घनानन्द, ग्वाल, ठाकुर, बोधा आदि ने रीतिमुक्त शैली में काव्य रचना की है। इस युग में भूषण, लाल और सूदन ने वीर काव्य की रचना की ओर यथेष्ट ध्यान दिया। इसी प्रकार वृन्द, गिरिधर कविराय और दीनदयाल गिरि ने नीति काव्य की रचना की। काव्य रूप की दृष्टि से अधिकांश कवियों ने मुक्तक पद्धति को ही अपनाया है। रीतिकालीन काव्य की भाषा ब्रजभाषा है। कवित्त, सवैया, दोहा इस काल के सर्वाधिक प्रमुख छन्द हैं। जब 1857 ई. में सिपाई विद्रोह हुआ, जिसे भारत का प्रथम स्वाधीनता संग्राम भी कहा जाता है, तब हिन्दी साहित्य में आधुनिकता का प्रवेश हुआ। जिसके प्रवर्त्तक प्रमुख साहित्यकार भारतेन्दु हरिश्चन्द्र हैं।

इस संकलन में मध्यकालीन हिन्दी काव्य धारा के सभी प्रतिनिधि रंगों को कविताओं द्वारा प्रस्तुत किया गया है। जिन छात्रों के लिए यह काव्य संग्रह संकलित किया गया है, यदि इसे पढ़कर प्राचीन काव्य के प्रति तनिक लगाव भी विकसित होता है, तो मैं अपने इस श्रम को सार्थक समझूँगा।

प्रोफ़ेसर श्रीराम शर्मा

अनुक्रम

खण्ड क

कबीरदास

निर्गुण भक्ति धारा के ज्ञान मार्गी संत कबीरदास को हिन्दी में निर्गुण भक्ति धारा का प्रवर्त्तक माना गया है। कबीरदास अपने जमाने के बहुत सम्मानित व्यक्ति थे। निर्गुण सम्प्रदाय के प्रायः सभी समकालीन और परवर्तियों ने इन्हें अपना गुरु माना है और बहुत आदर से याद किया है। कहते हैं कि गुरु रामानन्द ने भूल के कारण एक विधवा ब्राह्मणी को पुत्रवती होने का आशीर्वाद दे दिया था। कबीरदास का जन्म उसी विधवा ब्राह्मणी के गर्भ से हुआ था। विधवा ब्राह्मणी के गर्भ से जन्म में विश्वास करने वाले भी कहते हैं कि उक्त ब्राह्मणी समाज भय से नवजात शिशु को लहर तारा तालाब पर फेंक आई थी। वहाँ से लाकर नीरू और नीमा नाम के जुलाहा दम्पति ने इनका पालन-पोषण किया था। कबीर सम्प्रदाय में माना जाता है कि कबीरदास का जन्म संवत् 1456 (सन् 1399) की ज्येष्ठ पूर्णिमा को हुआ और उस दिन सोमवार था–

चौदह सौ पचपन साल गये चन्द्रवार एक ठाठ ठए।
जेठ सुदी बरसायत को पूरनमासी प्रकट भए।

इनकी पत्नी का नाम लोई तथा पुत्र एवं पुत्री का नाम कमाल और कमाली था। बचपन से ही बालक कबीर को साधु सन्तों की टोली में रहने तथा घूमने की आदत लग गई थी। कबीर भ्रमण शील सन्त थे। आचार्य रामानन्द को ये अपना गुरु मानते थे। कबीर का जन्म राजनैतिक उथल-पुथल और भयंकर अराजकता के युग में हुआ था। तैमूरलंग के आक्रमणों से दिल्ली की सत्ता बिखर गई थी। अन्ततः बाबर ने दिल्ली में अधिकार जमाया और मुगल साम्राज्य की नींव रखी।

धार्मिक दृष्टि से नवागत इस्लाम के साथ ही विभिन्न भारतीय धर्म सम्प्रदायों में संघर्ष शुरू हो चुका था। धर्म के नाम पर कर्मकाण्ड और कुरीतियों का बोलबाला था। जाति भेद कबीरदास को पसंद नहीं रहा। ये आजीवन हिन्दू-मुसलमान के भेद की मान्यता का खण्डन करते रहे। इनके स्वतन्त्र विचारों के प्रचार के कारण ही कट्टर मुसलमान शासक सिकन्दर लोदी ने इन्हें कई यातनाएँ दीं। संवत् 1575 (सन्

1518 ई.) में मगहर में इनकी मृत्यु हुई। शरीर छोड़ने के बाद ये हिन्दुओं और मुसलमान दोनों जातियों के समाज में समान आदर के पात्र बन गए। कबीर की रचनाओं का सम्पादन 'कबीर वाणी' तथा 'कबीर ग्रन्थावली' नाम से किया गया है। बीजक में भी इनकी वाणी संगृहीत है। साखी, सबद और रमैनी इनकी काव्य रचनाएँ हैं। कबीर सम्प्रदाय में बीजक को सबसे अधिक मान्यता दी जाती है। गुरु ग्रन्थ साहब में संकलित कबीर वाणी को भी प्रामाणिक माना जाता है। कबीरदास ने अपनी कविता में पद शैली, रमैनी शैली और साखी शैली का उपयोग किया है। पदों को संत सम्प्रदायों में सबद कहा जाता है। सबद, शबद या शब्द गेय पद हैं, जिन्हें विभिन्न राग-रागनियों में विभाजित किया गया है। बीजक सम्प्रदाय ग्रन्थ है, इनके पदों में ज्ञान प्रधानता और आक्रामकता अधिक है। रमैनियाँ चौपाई दोहा छन्द के मेल से या केवल चौपाई छन्द में लिखी गई हैं। साखियाँ दोहा छन्द में लिखी गई हैं। साखी का अर्थ है साक्षी अर्थात् गुरु के उपदेश। कबीर अपने वर्तमान के प्रति पूर्णतः जाग्रत चेतना वाले व्यक्ति थे। उन्होंने जीवन और जगत के यथार्थ को खुली आँखों से देखा था। उन्होंने अनुभव किया कि झूठी बातों को सच मानकर लोग उनमें बेबस की तरह उलझ रहे हैं। धर्म और दर्शन, वर्ण और आश्रय, ऊँच और नीच, ब्राह्मण और शूद्र, वेद और शास्त्र, तप और तीर्थ, व्रत और पूजा, धन और यौवन के मद में सारा संसार मतवाला है। मनुष्य सिद्धान्त और व्यवहार के दोहरे स्तरों पर जीता है। व्यक्ति की कथनी और करनी में भेद है। लोग जानबूझ कर सच्चाई को छोड़ देते हैं और झूठ से जुड़े रहते हैं। कबीर ने अपने काव्य में इस सच्चाई को खोलकर सामने रखा है।

कबीर के काव्य में ज्ञान मार्गी निर्गुण भक्ति तथा प्रेम मार्गी वैष्णव भक्ति का संगम देखने को मिलता है। कबीर ने वैष्णवों की प्रशंसा करते हुए लिखा है—

साकत बामन न मिले, वैष्णों मिले चण्डाल।
अकमाल दे भेंटिए, मानों मिले गोपाल।।

कबीर के काव्य में खण्डन-मण्डन का स्वर पर्याप्त तीव्र है। भारतीय समाज उस समय जात-पाँत के कठोर बन्धन में जकड़ा हुआ था। कबीर ने इस सामाजिक बुराई पर प्रहार किया—

जाति-पाँति पूछे नहीं कोय, हरि को भजे सो हरि का होय।

कबीर ने मूर्ति पूजा का भी विरोध किया। मूर्ति पूजा की आड़ में पण्डित लोग भोली-भाली जनता को लूटते हैं—

पाहन पूजे हरि मिले, तो मैं पूजूँ पहाड़
ताते यह चक्की भली, पीस खाए संसार

कबीर ने हिन्दू धर्म की बुराइयों के साथ-साथ मुस्लिम धर्म की कुरीतियों पर भी प्रहार किया—

कांकर पाथर जोड़ि के मस्जिद लई बनाय
ता चढ़ि मुल्ला बांग दे, क्या बहरा हुआ खुदाय

कबीर मन की शुद्धता पर बल देते रहे हैं। शरीर पवित्र तभी होता है, जब व्यक्ति का मन भी साफ हो–

माला फेरत जुग भया, फिरा न मन का फेर
कर का मनका डारि के मन का मनका फेर

कबीर मानते हैं कि परमात्मा एक ही है। हर प्राणियों की आत्मा में परमात्मा की शक्ति का अंश विद्यमान रहता हैं। व्यक्ति की मृत्यु के बाद जीवात्मा पुनः परमात्मा में मिल जाती है–

कुंभ में जल है, जल में कुंभ बाहर भीतर पानी
फूटा कुंभ जल जलहि समाना, यह तथ्य कहौ ग्यानी

जीवात्मा परमात्मा से मिलने को हमेशा व्याकुल रहती है। जीवात्मा का जब परमात्मा से मिलन हो जाता है, इस स्थिति में जीवात्मा को चारों ओर भगवान की लीला ही लीला दिखलाई पड़ती है–

लाली मेरे लाल की, जित देखूँ तित लाल
लाली देखन मैं गई मैं भी हो गई लाल

कबीर मूलतः भक्त हैं और उनके काव्य में विरहणी आत्मा की करुण पुकार सर्वत्र गूँजती है। अक्खड़ कबीर अपने राम के पीछे-पीछे कुतिया बनकर चलते हैं। अपने राम के दर्शन पाने के लिए उनकी आत्मा पुकार उठती है–

या विरहणी की मीचु दे, या आपा दिखराय
आठ पहर का दांपना, मो पे सहा न जाय

भक्ति के क्षेत्र में कबीर का अकेलापन हृदय द्रावक है–

सुखिया सब संसार है, खाये अरु सोबै।
दुखिया दास कबीर है, जागे अरु रोवे।

अपने काव्य के लिए कबीरदास ने जिस भाषा का प्रयोग किया, उसका मूल ढाँचा ब्रज, राजस्थानी, खड़ी बोली, अवधी, गुजराती और पंजाबी के तत्त्वों से निर्मित है। कबीर की भाषा को सधुक्कड़ी, खिचड़ी तथा पंचमेल भाषा कहा जाता है। इन्होंने मुहावरों और लोकोक्तियों का प्रयोग भी अपनी काव्य भाषा में किया है। संगीतात्मकता, सहजता और प्रेषणीयता इनके काव्य की विशेषता है। आचार्य हजारी प्रसाद द्विवेदी ने इन्हें वाणी का डिक्टेटर कहा है।

साखी

(1) गुरुदेव कौ अंग

सतगुर मिल्या त कहा भया, जे मनि पाड़ी भोल।
पासि बिनंठा कप्पड़ा, क्या करै बिचारी चोल।।1।।

बूड़े थे परि ऊबरे, गुर की लहरि चमंकि।
भेरा देख्या जरजरा, (तब) ऊतरि पड़े फरंकि।।2।।

गुरु गोविंद तौ एक है, दूजा यह आकार।
आपा मेट जीवन मरै, तो पावै करतार।।3।।

कबीर सतगुर नाँ मिल्या, रही अधूरी सीप।
स्वाँग जती का पहरि करि, घरि घरि माँगै भीष।।4।।

सतुगर साँचा सूरिवाँ, तातै लोहिं लुहार।
कसणो दे कंचन किया, ताई लिया ततगार।।5।।

थापणि पाई थिति भई, सतगुर दीन्हीं धीर।
कबीर हीरा बणजिया, मानसरोवर तीर।।6।।

निहचल निधि मिलाइ तत, सतगुर साहस धीर।
निपजी मैं साझी घणाँ, बाँटै नहीं कबीर।।7।।

चौपड़ि माँडी चौहटै, अरध उरध बाजार।
कहै कबीरा राम जन, खेलौ संत विचार।।8।।

पासा पकड़या प्रेम का, सारी किया सरीर।
सतगुर दावा वताइया, खेलै दास कबीर।।9।।

(2) सुमिरण कौ अंग

कबीर कहता जात हूँ, सुणता है सब कोई।
राम कहें भला होइगा, नहिं तर भला न होई।।10।।

कबीर कहै मैं कथि गया, कथि गया ब्रह्म महेस।
राम नाँब सतसार है, सब काहू उपदेश।।11।।

कबीर सुमिरण सार है, और सकल जंजाल।
आदि अंति सब सोधिया दूजा देखौं काल।।12।।

च्यंता तौ हरि नाँव की, और न चिंता दास।
जे कुछ चितवैं राम बिन, सोइ काल कौ पास।।13।।

पंच सँगी पिव पिव करै, छटा जु सुमिरे मंन।
आई सूति कबीर की, पाया राम रतंन।।14।।

मेरा मन सुमिरै राम कूँ, मेरा मन रामहिं आहि।
अब मन रामहिं ह्वै रह्या, सीस नवावौं काहि।।15।।

तूँ हूँ करता तूँ भया, मुझ मैं रही न हूँ।
वारी फेरी बलि गई, तित देखौं तित तूँ।।16।।

कबरी निरभै राम जपि, जब लग दीबै बाति।
तेल घट्या बाती बुझी, (तब) सोवैगा दिन राति।।17।।

कबीर सूता क्या करै, जागि न जपै गुरारि।
एक दिनाँ भी सोवणाँ, लम्बे पाँव पसारि।।18।।

कबरी सूता क्या करै, काहे न देखै जागि।
जाका सँग तैं बीछुड़्या, ताही के सँग लागि।।19।।

कबीर सूता क्या करै उठि न रोवै दुक्ख।
जाका बासा गोर मैं, सो क्यूँ सोवै सुक्ख।।20।।

(3) परचा कौ अंग

अंतर कवल प्रकासिया, ब्रह्म बास तहाँ होइ।
मन भवरा तहाँ लुबधिया, जांणेगा जन कोइ।।21।।

सायर नाहीं सीप बिन, स्वांति बूँद भी नाहिं।
कबीर मोती नीपजै, सुन्नि विषर गढ़ माँहिं।।22।।

घट माँहे औघट लह्या, औघट माहैं घाट।
कहि कबीर परचा भया, गुरु दिखाई बाट।।23।।

सूर समाँणौं चंद में, दहूँ किया घर एक।
मनका च्यंता तब भया, कछू पूरबला लेख।।24।।

हद छाड़ि बेहद गया, किया सुन्नि असनान।
मुनि जन महल न पावई, तहाँ किया विश्राम।।25।।

धरती गगन पवन नहीं होता, नहीं तोया, नहीं तारा।
तब हरि हरि के जन होते, कहै कबीर विचारा।।26।।

जा दिन कृतमनां हुता, होता हट न पट।
हुता कबीरा राम जन, जिनि देखै औवट घट।।27।।

थिति पाई मन थिर भया, सतगुर करी सहाइ।
अनिन कथा तनि आचरी, हिरदै त्रिभुवन राई।।28।।

हरि संगति सीतल भया, मिटा मोह की ताप।
निस बासुरि सुखनिध्य लह्या, जब अंतरि प्रकट्या आप।।29।।

तन भीतरि मन मानियाँ, बाहरि कहा न जाइ।
ज्वाला तै फिरि जल भया, बुझी बलंती लाइ।।30।।

तत पाया तन बीसर्या, जब मनि धरिया ध्यान।
तपनि गई सीतल भया, जब सुनि किया असनान।।31।।

(4) चितावणी कौ अंग

कबीर नौबति आपणीं, दिन दस लेहु बजाइ।
ए पुर पटन ए गली, बहुरि न देखै आइ।।32।।

जिनके नौबति बाजती, मंगल बँधते वारि।
एकै हरि के नाँव बिन, गए जन्म सब हारि।।33।।

ढोल दमामा दुड़बड़ी, सहनाई संगि भेरि।
ओसर चल्या बजाइ करि, है कोइ राखै केरि।।34।।

सोतों सबद जु बाजते, घरि घरि होते राग।
ते मंदिर खाली पड़े, बैसाण लागे काग।।35।।

कबीर थोड़ा जीवणां, माड़े बहुत भंडाण।
सबहो ऊमा मेल्हि गया, राव रंक सुलितान।।36।।

इक दिन ऐसा होइगा, सब सूँ पड़ै बिछोह।
राजा राणा छत्रपति, सावधान किन होइ।।37।।

कबीर पटल कारिवाँ, पंच चोर दस द्वार।
जम राँणौं गढ़ भेलिसी, सुमिरि लै करतार।।38।।

कबीर कहा गरबियौ, इस जीवन की आस।
टेसू फूले दिवस चारि, खंखर भये पलास।।39।।

कबीर कहा गरबियौ, देहौ देखि सुरंग।
बीछड़ियाँ मिलिबौ नहीं, ज्यूँ काँचली भुवंग।।40।।

कबीर कहा गरबियौ, ऊँचे देखि अवास।
काल्हि परयूँ भ्वैं लेटणाँ, ऊपरि जामैं घास।।41।।

कबीर कहा गरबियौ, चाँम लपेटे हड।
हैंबर ऊपरि छत्र सिरि, ते भी देबा खण्ड।।42।।

कबीर कहा गरबियौ, काल गहै कर केस।
नाँ जौणौ कहाँ मारिसी, कै चरि कै परदेस।।43।।

यहु ऐसा संसार है, जैसा सैबंल फूल।
दिन दख के ब्यौहार में, झूठै रंगि न भूल।।44।।

(5) माया कौ अंग

जग हटवाड़ा स्वाद ठग, माया बेसाँ लाइ।
रामचरन नीकाँ गही, जिनि जाइ जनम ठगाइ।।45।।

कबीर माया पापणीं, फंध ले बैठि हाटि।
सब जग तौ फंधे पड़्या, गया कबीरा काटि।।46।।

पद

जुगिया न्याइ मरै मरिजाइ।
घर जाजरौ बलीडौ टेढ़ौ, औलोती डर राइ ।। टेक ।।
मगरी तजौ प्रीति, पाषें सूँ डाँडी देहु लगाइ।
छींको छोडि उपरहि डौ बाँधा, ज्यूँ जुगि रहौ समाइ।
बैसि परहडी द्वार मुँदावौं, ख्यावों पूत घर घेरी।
जेठी धीय सासरे पठवौ ज्यूँ बहुरि न आवै फेरी।।
लहुरी धीइ सबै कुश धोयौ, तब ढिग बैठन पाई।
कहैं कबीर भाग बपरी कौ, किलिकिलि सबै चुकाँई।।1।।

मन रे जागत रहिये भाई।
गाफिल होइ बसत मति खोवै, चोर मुसै घर जाई।। टेक ।।
षट चक की कनक कोठड़ी बस्त भाव है सोई।
ताला कूंचों कुलफ के लागे, उघड़त बार न होई।।
पच पहरवा सोइ गये हैं, बसतै जागण लागी।
करत विचार मनहीं मन उपजी नाँ कहीं गया न आया।।
कहै कबीर संसा सब छूटा राँम रतन धन पाया।।2।।

चलन चलन सब को कहत है
नाँ जाँनौं बैकुंठ कहाँ है।। टेक ।।
जोजन एक प्रमिति नहिं जानै, बातन ही बैकुंठ बषानै।
जब लग हैं बैकुंठ की आसा, तब लग नहीं हरि चरन निवासा।।
कहें सुनें कैसें पतिअइए, जब लग तहाँ, आप नहिं जइये।
कहै कबीर बहु कहिये काहि, साध संगति बैकुंठहि आहि।।3।।

अपने विचारि असवारी कीजै।
सहज कै पाइड़े पाव जब दीजे।। टेक ।।
दे मुहरा लगाँम पहिराँऊँ, सिकली जीन गगन दौराऊँ।
चलि बैकुंठ तोहि लै तारों, थकहि त प्रेम ताजनैं मारूँ।।
जन कबीर ऐसा असवारा, बेद कतेब दहूँ थैं न्यारा।।4।।

अपनैं मैं रेगि आपनपो जानूँ,
जिहि रंगि जाँनि ताही कूँ माँनूँ।। टेक।।

अभि अंतरि मन रंग समानां, लोग कहैं कबीर बौंरानां।
रंग न चीन्है मूरखि लोई, जिह रँगि रंग रह्या सब कोई।।
जे रँग कबहुँ न आवै न जाई, कहै कबीर तिहिं रह्या समाई।।5।।

संतौ धागा टूटा गगन बिनसि गया, सबद जु कहाँ समाई।
ए संसा मोहि निस दिन व्यापै, कोइ न कहै समझाई।। टेक ।।
नहीं, ब्रह्मंड प्यंड पुनि नाँही, पंचतत भी नाहीं।
इला प्यंगुला सुखमन नाँही, ए गुंण कहाँ समाँहीं।।
नहीं ग्रिह द्वार कछू नहीं, तहियाँ, रचन हार पुनि नाँहीं।
जीवनहार अतीत सदा संगि, ये गुण तहाँ समाँहीं।।
तूटै बँधै बँधै पुनि तूटै, तब तब होइ बिनासा।
तब को ठाकुर अब को सेवग, को काकै बिसवासा।।
कहै कबीर यहु गगन न बिनसै, जो धागा उनमाँनाँ।
सीखें सुने पढ़ें का होई, जौ नहीं पदहि समाँना।।6।।

ता मन कौं खोजहु रे भाई,
तन छूटे मन कहाँ समाई।। टेक ।।
सनक सनंदन जै देवनाँमी भगति करी मन उनहुँ न जानीं।
सिब विरंचि नारद मुनि ग्यानीं, यन का गति उनहूँ न जानीं।।
धू प्रहिलाद बभीषन सेषा, तन भीतर मन उनहुँ न देषा।
ता मन का कोइ जानैं भेव, रंचक लीन भया सुषदेव।।
गोरष भरथरी गोपीचंदा, ता मन सौं मिलि करै अनंदा।
अकल निरंजन सकल सरीरा, ता मन सौं मिलि रहा कबीरा।।7।।

भाई रे बिरलै दोसत कबीरा के, यह तत बार बार कासों कहिए।
भानण घड़ण सँवारण सँवारण संभ्रथ, ज्यूँ राषै त्यूँ रहिए।। टेक ।।
आलम दुनों सबै फिरि खोजी, हरि बिन सकल अयानाँ।
छह दरसन छ्यानबै पाषंड, आकुल किनहुँ न जानाँ।।
जप तप संजम पूजा अरचा, जोतिग जग बौरानाँ।
कागद लिखि लिखि जगत भुलानाँ, मनहीं मन न समानाँ।।
कहै कबीर जोगी अरु जंगम, ए सब झूठी आसा।
गुर प्रसादि रटौ चात्रिग ज्यूँ, निंहचैं भगति निवासा।।8।।

कितेक सिव संकर गए ऊठि।
राँम सँमाधि अजहूँ नहिं छूटि।। टेक ।।

प्रलै काल कहूँ कितेक भाष, गये इद्र से अगणित लाष।
ब्रह्मा खोजि पर्‌यो गहि नाल, कहै कबीर बै राँम निराल।।9।।

अच्यंत च्यंत ए माधौ, सो सब माँहि स्माँनाँ।
ताहि छाड़ि जे आँन भजत हैं, ते सब भ्रंमि भुलाँनाँ।। टेक ।।
ईस कहे मैं ध्यान न जानूँ, दुरलभ निज पद मोहीं।
रंचक करुणाँ कारणि केसो, नाम धरण कौं तोहीं।।
कहौ धौं सबद कहाँ थे आवै, अरु फिर कहाँ समाई।
सबद अतीत का मरम न जानै, भ्रमि भूली दुनियाई।।
प्यंड मुकति कहाँ ले कीजे जौ पद मुकति न होई।
प्यंड मुकति कहत हैं मुनि जन, सबद अतीत था सोई।।
प्रगट गुपत गुपत पुनि प्रगट, सो कत रहै लुकाई।
कबीर परमानंद मनाये, अकथ कथ्यौ नहीं जाई।।10।।

सो कछू विचारहु पण्डित लोई,
जाकै रूप न रेष बरण नहीं कोई।। टेक ।।
उपजै प्यंड प्रान कहाँ थैं आवै, मूवा जीव जाइ कहाँ समावै।
इंद्री कहाँ करिहि विश्रामा, सो कत गया जो कहता रामाँ।।
पंचतत तहाँ सबद न स्वादं, अलख निरंजन विद्या न बादं।
कहै कबीर मन मनहि समानाँ, तब आगम निगम झूठ करि जानाँ।।11।।

जो पैं बीज रूप भगवाना।
तौ पण्डित का कथिसि गियाना।। टेक ।।
नहीं तन नहीं मन नहीं अहंकारा, नहीं सत रज तम नीति प्रकारा।।
विष अमृत फल फले अनेक, वेद रु बोधक हैं तरु एक।।
कहै कबीर इहै मन माना, कहिधूँ छूट कवन उरझाना।।12।।

पाण्डें कौन कुमति तोहि लागी।
तूँ राम न जपहि अभागी।। टेक ।।
बेद पुरान पढ़त अस पाँडे, खर चंदन जैसैं भारा।
राँम नाँम तत समझत नाँही; अंति पड़ै मुखि छारा।।
बेद पढ्याँ का यहु फल पाँडे, सब घटि देखैं राँमाँ।
जन्म मरन थैं तौ तूँ छूटै, सुफल हूँहि सब काँमाँ।।
जीव बधत अरु धरम कहत हौ, अधरम कहाँ है भाई।
आपन तौ मुनिजन है बैठे, का सनि कहौं कसाई।।

नारद कहै व्यास यौं भाषैं, सुखदेव पूछौ जाई।
कहै कबीर कुमति तब छूटै, जे रहौ राँम ल्यौ लाई।।13।।

पण्डित बाद बदंते झूठा।
राँम कह्याँ दुनियाँ गति पावे, षाँड कह्याँ मुख मीठा।। टेक ।।
पावक कह्याँ पाव जे दाझैं, जब कहि त्रिषा बुझाई।
भोजन कह्याँ भूष जे भाजै, तौ सब कोई तिरि जाई।।
नर कै साथि सूवा हरि बोलै, हरि परताप न जानै।
जो कबहूँ उड़ि जाइ जँगल में, बहुरि न सुरतैं आनै।।
साची प्रीति विषै माया सूँ, हरि भगतनि सूँ हासी।
कहै कबीर प्रेम नहीं उपज्यौ, बाँध्यौ जमपुरि जासी।।14।।

जौ पैं करता बरण विचारै।
तो जनमत तीति डांड़ि किन सारै।। टेक ।।
उतपति ब्यंद कहाँ थैं आया, जो धरी अरु लागी माया।
नहीं को ऊँचा नहीं को नीचा, जाका प्यंड ताही का सींचा।।
जे तूँ बाँभन बभनी जाया, जो आँन बाँट है काहे न आया।
जे तूँ तुरक तुरकनी जाया, तौ भीतरि खंतनाँ क्यूँ न कराया।।
कहै कबीर मधिम नहीं कोई, सो मधिम जा मुखि राम न होई।।15।।

लोका तुम्ह ज कहत हौ नंद को नंदन नंद कहौ धुं काकौ रे।
धरनि अकास दोऊ नहीं होते, तब यहु नंद कहाँ थौ रे।। टेक ।।
जाँमैं मरै न सँकुटि आवै, नाँव निरंजन जाकौ रे।
अबिनासी उपजै नहिं बिनसै; संत सुजस कहैं ताकौ रे।।
लष चौरासी जीव जंत मैं भ्रमत नंद थाकौ रे।
दास कबीर कौ ठाकुर ऐसो, भगति करै हरि ताकौ रे।।16।।

निरगुण राँम निरगुण राँम जपहु रे भाई,
अबिगति की गति लखी न जाई।। टेक ।।
चारि बेद जाकै सुमृत पुराँनाँ नौ ब्याकरनाँ मरम न जाँना।।
चारि बेद जाकै गरड समाँनाँ, चरन कवल कँवला नहीं जाँनाँ।।
कहै कबीर जाकै भेदै नाँहीं, निज जन बैठे हरि की छाहीं।।17।।

मैं सबनि मैं औरनि मैं हूँ सब।
मेरी बिलगि बिलगि बिलगाई हो।

कोई कहौ कबीर कहौ राँम राई हो।। टेक ।।
नाँ हम बार बूढ़ नाही हम ना हमरै चिलकाई हो।
पठए न जाऊँ अरवा नहीं आऊँ सहजि रहूँ हरिआई हो।।
वोढन हमरे एक पछेवरा, लोक बोलै इकताई हो।
जुलहे तनि बुनि पाँनि न पावल, फार बुनि दस ठाँई हो।।
त्रिगुँण रहित फल रमि हम राखल, तब हमारौ नाँउ राँम राई हो।
जग मैं देखौं जग न देखै मोहि, इति कबीर कछु पाई हो।।18।।

लोका जानि न भूलौ भाई।
खालिक खलक खलक मैं खालिक, सब धट रह्यौ समाई।। टेक ।।
अला एकै नूर उपनाया, ताकी कैसी निंदा।
ता नूर थै सब जग कीया, कौन भला कौन मंदा।।
ता अला को गति नहीं जाँनी गुरि गुड़ दीया मीठा।
कहै कबीर मैं पूरा पाया, सब घटि साहिब दीठा।।19।।

राँम मोही तारि काहाँ लै जैहो।
सो बैकुंठ कहौ धूँ कैसा, करि पसाव मोहि देहो।। टेक ।।
जे मेरे जीव दोइ जाँनत हौ, तौ मोहि मुकति बताओ।
एकमेक रमि रह्या सबनि मैं, तो काहे भरमावौ।।
तारण तिरण जबै लग कहिये, सब लग तत न जाँनाँ।
एक राँम देख्या सबहिन मैं कहै कबीर मन माँना।।20।।

हैं हरिजन थैं चूक परी।
जे कछु आहि तुम्हारो हरी।। टेक ।।
मोर तोर जब लग मैं कीन्हा, तब लग त्रास बहुत दुख दीन्हाँ।।
सिध साधिक कहैं हम सिधि पाई, राम नाम बिन सबै गँवाई।।
जे बैरागी आस पियासी, तिनको माया कदे न नासी।।
कहै कबीर मैं दास तुम्हारा, माया खंडन करहु हमारा।।21।।

सब दुनी सयाँनी मैं बौरा।
हँम बिगरे बिगरौ जिनि औरा।। टेक ।।
मैं नहीं बौरा राम कियो बौरा, सतगुरु जारि गयौ भ्रम मोरा।।
विद्या न पढ़ूँ बाद नहीं जानूँ, हरि गूँन कथत सुनत बौराँनूँ।।

काँम क्रोध दोऊ भये विकारा, आपहि आप जरे संसारा।।
मीठो कहा जाहि जो भावै, दास कबीर राँम गुँन गावै।।22।।

अब मैं राम सकल सिधि पाई।
आँन कहूँ तौ राँम दुहाई।। टेक ।।
इति चिति चाषि सबै रस दीठा, राँम नाँम सा और न मीठा।।
औरे रसि ह्वैहै कफ गाता, हरि रस अधिक अधिक सुखदाता।।
दूजा वणिज नहीं कछू बाषर, राँम नाँम दोऊ तत आषर।।
कहै कबीर जे हरि रस भोगी, ताकूँ मिल्या निरंजन जोगी।।23।।

रे मन जाहि जहाँ तोहि भावै।
अब न कोई तेरे अंकुस लावै।। टेक ।।
जहाँ जहाँ जाइ तहाँ तहाँ राँमा, हरि पद चीन्हि कियौ विश्रामा।।
तन रंजित तब देखियत दोई, प्रगट्यौ ग्याँन जहाँ तहाँ सोई।।
लीन निरंतर बपु बिसराया, कहै कबीर सुख सागर पाया।।24।।

बहुरि हम काहैं कूँ आवहिंगे।
बिछुरे पंचतत्त की रचना, तब हम राँमहि पाँवहिंगे।। टेक ।।
पृथी का गुण पाँणी सोष्या, पाँनी तेज मिलावहिंगे।
तेज पवन मिलि पवन सबद मिलि, सहज समाधि लवाँवहिंगे।।
जैसे बहु कंचन के भूषन, ये कहि गालि तवाँवहिंगे।
ऐसैं हम लोक वेद के बिछुरें, सुनिहि माँहि समाँवहिंगे।।
जैसे जलहि तरंग तरंगनी, ऐसैं हम दिखलाँवहिंगे।
कहैं कबीर स्वामी सुख सागर, हंसहि हंस मिलाँवहिंगे।।25।।

कबीरौ संत नदी गयी बहि रे।
ठाढ़ी माइ कराड़ै टेरै, है कोई ल्यावै गरि रे।। टेक ।।
बादल बाँनी राँम धन उनयाँ, बरिषै अमृत धारा।
सखी नीर गंग भरि आई, पीवै प्राँन हमारा।।
जहाँ बहि लागे सनक सनंदन, रुद्र ध्याँन धरि बैठे।
सूर्य प्रकास आनंद बमेक मैं घर कबीर ह्वै पैठे।।26।।

मलिक मुहम्मद जायसी

हिन्दी साहित्य के मुसलमान सूफी कवियों में जायसी का प्रमुख स्थान है। जायसी का पूरा नाम मलिक मुहम्मद जायसी बताया जाता है। पद्मावत में इन्होंने अपना नाम मुहम्मद बताया है। जायस का निवासी होने के कारण इन्हें जायसी कहना स्वाभाविक है। अपने जन्म संवत् के विषय में जायसी ने आखिरी कलाम में लिखा है—भा औतार मोर नव सदी। तीस बारिस ऊपर कवि बदी। इसका सीधा अर्थ है कि इनका जन्म नौ सौ हिजरी (सन् 1494 ई.) में हुआ। जायसी की मृत्यु सन् 1542 ई. में मानी जाती है। इनका जन्म स्थान रायबरेली के जायस नामक स्थल पर हुआ था। ये अभी छोटी ही आयु के थे, जब इनके माता-पिता का देहान्त हो गया। जायसी के अपने कथनों से तथा इनके विषय में प्राप्त प्रमाणों से स्पष्ट है कि ये काफी कुरूप थे। साधु-फकीरों की संगति में इनका बाल्यकाल बीता। इन्हीं की संगति में जायसी की काव्य-प्रतिभा भी विकसित हुई। अमेठी के महाराजा इनका बहुत आदर करते थे।

जायसी की अक्षय कीर्ति का आधार इनका ग्रन्थ पद्मावत रहा है। इसके अतिरिक्त आखिरी कलाम, अखरावट, कहरनामा, चित्ररेखा, सखरावत, चम्पावत, इतरावत, मटकावत, खुर्वानामा, मोराईनामा, मुकहरानामा, मुखरानामा, पोस्तीनाम, होली इनके ग्रन्थ हैं। प्रेमाख्यानक काव्यों की परम्परा में जायसी का पद्मावत सर्वश्रेष्ठ रचना है। अपनी इस कृति के विषय में जायसी ने कहा है कि मुहम्मद ने यह काव्य रचकर सुनाया। जिसने सुना उसे प्रेम की पीड़ा का अनुभव हुआ। मैंने इस प्रेम कथा को रक्त की लेई (गोंद) लगाकर जोड़ा है। इसकी गाढ़ी प्रीति आँसुओं से भीगी हुई है। ऐसी कविता मैंने जान-बूझ कर लिखी है। सोचता हूँ शायद यही दुनिया में मेरा स्मारक बन जाए। शरीर का क्या भरोसा? कब है, कब साथ छोड़ दे। डॉक्टर वासुदेव शरण अग्रवाल का कहना है कि जायसी के वर्णनों में उच्चतम साहित्य की अभिव्यक्ति हुई है। इसके शब्द नाप तोल कर रखे गए हैं। पद्मावत रचना में रत्नसेन, पद्मावती और नागमती की जीवन कथा परम्परागत प्रेमाख्यान

लेखन पद्धति में रची गई है। पद्मावत को अन्योक्ति, समासोक्ति अथवा प्रतीकात्मक काव्य माना गया है। पद्मावत की रचना अलौकिकता को ध्यान में रखकर की गई है। लेखक ने समस्त यात्राओं, घटनाओं और पात्रों को प्रतीक के रूप में प्रस्तुत किया है। साधारण ढंग से देखने पर पद्मावत की कहानी धरती के इन्सानों की कहानी लगती है। परन्तु गहराई से देखने पर पता चलता है कि यह आत्मा, परमात्मा, संसार, माया, शैतान, गुरु आदि की कहानी है। जायसी ने नागमती का जो वियोग-चित्रण प्रस्तुत किया है, वह अनूठा और बेजोड़ है। रत्नसेन के सिंहलद्वीप में चले जाने के बाद नागमती उसके विरह में तड़पने लगती है। उसकी विरह की अग्नि से वृक्ष और पक्षी तक जल जाते हैं। एक उदाहरण प्रस्तुत है—

> जोहि पंख के नियर भई, कहै विरह की बात।
> सोई पंखी जाई जरि, तरुवर होई निपात।।

रत्नसेन और पद्मावती के प्रेम के द्वारा जीवात्मा और परमात्मा का मिलन दिखलाया गया है—

> तन चितउर मन राउर कीन्हा
> हिय सिंहल बुद्धि पदमिनि चीन्हा

पद्मावत की भाषा अवधी है। अरबी-फारसी के शब्दों के साथ ही आम बोल-चाल के गँवारू शब्दों का प्रयोग भी हुआ है। इन्होंने दोहा, सोरठा और चौपाई छन्दों का प्रयोग किया है। इनके काव्य में उपमा, रूपक, उत्प्रेक्षा, अतिशयोक्ति और अनुप्रास जैसे अलंकारों की छटा देखने को मिलती है। पद्मावत की शैली प्रबन्धात्मक है। इस रचना का नामकरण नायिका के आधार पर हुआ है। आखिरी कलाम साठ दोहों और चार सौ बीस चौपाइयों में रची गई रचना है। इसकी भाषा अवधी है तथा उर्दू और फारसी के शब्दों का प्रयोग भी हुआ है। अखरावट रचना में सिद्धों और नाथों से प्रभावित होकर गुरु-शिष्य संवाद के रूप में साधना पथ का विवेचन किया गया है। इसकी शैली अक्षरों के आधार पर रची गई है।

जायसी के साहित्य की भाषा जन-भाषा होते हुए भी ऊँची साहित्यिकता के गुणों से युक्त है। इस प्रकार कहा जा सकता है कि हिन्दू-मुस्लिम एकता को बढ़ाने में जायसी का महत्वपूर्ण योगदान रहा है।

(1) सिंहलद्वीप वर्णन खण्ड

सिंघलद्वीप कथा अब गावौं। औ सो पदमिनि बरनि सुनावौं।।
निरमल दरपन भाँति बिसेखा। जो जेहि रूप सो तैसइ देखा।।
धनि सो दीप जहँ दीपक बारी। औ पदमिनि जो दई सँवारी।।
सात दीप बरनै सब लोगू। एकौ दीप न ओहि सरि जोगू।।
दियादीप नहिं तस उँजियारा। सरनदीप सर होइ न पारा।।
जंबूदीप कहौं तस नाहीं। लंकदीप सरि पूज न छाहीं।।
दीप गभस्थल आरन परा। दीप महुस्थल मानुस हरा।।
सब संसार परथमैं आए सातौं दीप।
एक दीप नहिं उत्तिम सिंहलदीप समीप।।1।।
गध्रबसेन सुगंध नरेसू। सो राजा, वह ताकर देसू।।
लंका सुना जो रावन राजू। तेहु चाहि बड़ ताकर साजू।।
छप्पन कोटि कटक दल साजा। सवैं छत्रपनि औ गढ़ राजा।।
सोरह सहस घोड़ घोड़सारा। स्यामकरन अरु बाँक तुखारा।।
सात सहस हस्ती सिंघली। जनु कबिलास एरावत बली।।
अस्वपतिक सिरमौर कहावै। गजपतीक आंकुस गज नावै।।
नरपतीक कहँ और नरिंदू। भूपतीक जग दूसर इंदू।।
ऐस चक्कवै राजा चहूँ खण्ड भय होइ।
सबै आइ सिर नावहिं सरवरि करै न कोइ।।2।।
जबहिं दीप नियरावा जाई। जनु कबिलास नियर भा आई।।
धन अमराउ लाग चहुँ पासा। उठा भूमि हुत लागि अकासा।।
तरिवर सबै मलयगिरि लाई। भइ जग छाँह रैनि होइ आई।।
मलय समीर सोहावन छाहाँ। जेठ जाड़ लागै तेहि माहाँ।।
ओही छाँह रैनि होइ आवै। हरियर सबै अकास देखावै।।
पथिक जो पहुँचै सहि कै घामू। दुख बिसरै, सुख होइ बिसरामू।।
जेइ वह पाई छाँह अनूपा। फिरि नहिं आइ सहै यह धूपा।।

अस अमराउ सघन घन बरनि न पारौं अंत।
फूलै फरै छवौ ऋतु, जानहु सदा वसंत।।3।।

फरे आँब अति सघन सोहाए। औ जस फरे अधिक सिर नाए।।
कटहर डार पींड सन पाके। बड़हर, सो अनूप अति ताके।।
खिरनी पाकि खांड़ अस मीठी। जामुन पाकि भँवर अति डीठी।।
नरियर फरे फरी फरहरी। फुरै जानु इंद्रासन पुरी।।
पुनि महुआ चुअ अधिक मिठासू। मधु जस मीठ पुहुप जस बासू।।
और खजहजा अनबन नाऊँ। देखा सब राउन अमराऊँ।।
लाग सबै जस अमृत साखा। रहै लोभाइ सो जो चाखा।।

लवँग सुपारी जायफल सब फर फरे अपूर।
आसपास घन इमिली औ घन तार खजूर।।4।।

बसहिं पंखि बोलहिं बहु भाखा। करहिं हुलास देखि के साखा।।
भोर होत बोलहिं चुहचूही। बोलहिं पाँडुक 'एकै तूही'।।
सारौं सुआ जो रहचह करहीं। कुरहिं परेवा जो करबरहीं।।
'पीव पीव' कर लाग पपीहा। 'तुही तुही' कर गडुरी जीहा।।
'कुहू कुहू' करि कोइल राखा। औ भिंगराज बोल बहु भाखा।।
'दही दही' करि महरि पुकारा। हारिल बिनवै आपन हारा।।
कुहुकहि मोर सोहावन लागा। होई कुराहर बोलहिं कागा।।

जावत पंखी जागत के भरि बैठे अमराउँ।
आपनि आपनि भाषा लेहिं दई कर नाउँ।।5।।

पैग पैग पर कुवाँ बावरी। साजी बैठक और पाँवरी।।
और कुण्ड बहु ठावहिं ठाऊँ। औ सब तीरथ तिन्ह के नाऊँ।।
मठ मण्डप चहुँ पारा सँवारे। तपा जपा सब आसन मारे।।
कोइ सु ऋषीसुर, कोइ संन्यासी। कोई रामजती बिसवासी।।
कोई ब्रह्मचार पथ लागे। कोइ सो दिगम्बर विचरहिं नाँगे।।
कोई सु महेसुर जंगम जती। कोई एक परखै देबी सती।।
कोइ सुरसती कोइ जोगी। कोइ निरास पथ बैठ बियोगी।।

सेबरा, खेबरा, बानपर, सिध, साधक, अवधूत।
आसन मारे बैठ सब जारि आतमा भूत।।6।।

मानसरोदक बरनौं काहा। भरा समुद अस अति अवगाहा।।
पानि मोति अस निरमल तासू। अमृत आनि कपूर सुबासू।।

लंकदीप कै सिला अनाई। बाँधा सरवर घाट बनाई।।
खँड खँड सीढ़ी भईं गरेरी। उतरहिं चढ़हिं लोग चहुँ फेरी।।
फूला कँवल रहा होइ राता। सहस सहस पखुरिन कर छाता।।
उलथहिं सीप, मोति उतराहीं। चुगहिं हंस औ केलि कराहीं।।
खनि पतार पानी तहँ काढ़ा। छीर समुद निकसा हुत बाढ़ा।।
ऊपर पाल चहूँ दिसि अमृत फल सब रूख।
देखि रूप सरबर कै गै पियास और भूख।।7।।

पानि भरै आवहिं पनिहारी। रूप सुरूप पदमिनी नारी।।
पदुमगंध तिन्ह अंग बसाहीं। भँवर लागि तिन्ह संग फिराहीं।।
लंकसिंघिनी, सारगनैनी। हंसगामिनी कोकिलबैनी।।
आवहिं झुण्ड सो पाँतिहि पाँती। गवन सोहाइ सु भाँतिहि भाँती।।
कनक कलस मुखचंद दिपाहीं। रहस केलि सन आवहिं जाहीं।
जा सहुँ वै हेरै चख नारी। बाँक नैन जनु हनहिं कटारी।।
केस मेघावर सिर ता पाईं। चमकहिं दसन बीजु कै नाईं।।
माथे कनक गागरी आवहिं रूप अनूप।
जेहि के अस पनिहारी सो रानी केहि रूप।।8।।

ताल तलाब बरनि नहिं जाहीं। सूझै वार पार किछु नाहीं।।
फूले कुमुद सेत उजियारे। मानहुँ उए गगन महँ तारे।।
उतरहिं मेघ चढ़हिं लेइ पानी। चमकहिं मच्छ बीजु कै बानी।।
पौरहिं पंख सुसंगहिं संगा। सेत पीत राते बहु रंगा।।
चकई चकवा केलि कराहीं। निसि के बिछोह, दिनहिं मिलि जाहीं।।
कुररहिं सारस करहिं हुलासा। जीवन मरन सो एकहिं पासा।।
घोलहिं सोन ढेक बगलेदी। रही अबोल मौन जल भेदी।।
नग अमोल तेहि तालहिं दिनहिं बरहिं जस दीप।
जो मरजीया होइ तहँ सो पावै वह सीप।।9।।

आस पास बहु अमृत बारी। फरीं अपूर होइ रखवारी।।
नारँग नींबू सुरँ जँभीरा। औ बदाम बहु भेद अँजीरा।।
गलगल तुरँज सदा फर फरे। नारँग अति राते रस भरे।।
किसमिस सेव फरे नौ पाता। दारिउँ दाख देखि मन राता।।
लागि सुहाई हरफारयोरी। उनै रही केरा कै घौरी।।
फरे तूत कमरख औ न्यौजी। रायकरौंदा बेर चिरौंजी।।
संगतरा व छुहारा दीठे। और खजहजा खाटे मीठे।।

पानि देहिं खँड़बानी कुवहिं खाँड़ बहु मेलि।
लागी घरी रहट कै सींचहिं अमृतबेलि।।10।।

पुनि फुलवारि लागि चहुँ पासा। बिरिछ बेधि चंदन भइ बासा।।
बहुत फूल फूलीं घनबेली। केवड़ा चम्पा कुंद चमेली।।
सुरँग गुलाल कदम औ कूजा। सुगँध बकौरी गंध्रब पूजा।।
जाही जूही बगुचन लावा। पुहुप सुदरसन लाग सुहावा।।
नागेसर सदबरग नेवारीं। औ सिंगारहार फुलवारीं।।
सोनजरद फूलीं सेवती। रूपमंजरी और मालती।।
मौलसिरी बेइलि औ करना। सबे फूल फूले बहुबरना।।

तेहिं सिर फूल चढ़हिं वै जेहि माथे मनि भाग।
आछहिं सदा सुगंध बहु जनु बसंत औ फाग।।11।।

सिंघलनगर देखु पुनि बसा। धनि राजा अस जे कै दसा।।
ऊँची पौरी ऊँच अवासा। जनु कैलास इंद्र कर बासा।।
राव रंक सब घर-घर सुखी। जो दीखै सो हँसता मुखी।।
रचि रचि साजे चंदन चौरा। पोतें अगर भेद औ गौरा।।
सध चौपारहिं चंदन खँभा। ओठँघि सभापति बैठे सभा।।
मनहुँ सभा देवतन्ह कर जुरी। परी दीठि इंद्रासन पुरी।।
सबै गुनी औ पण्डित ज्ञाता। संसकिरित सबके मुख बाता।।

अस कै मंदिर सँवारे, जनु सिवलोक अनूप।
घर घर नारि पदमिनी मोहहि सरसन रूप।।12।।

पुनि देखी सिंघल कै हाटा। नवौ निद्धि लछिमी सब बाटा।।
कनक हाट सब कुहकुहँ लीपी। बैठ महाजन सिंघलदीपी।।
रचहिं हथौड़ा रूपन ढारी। चित्र कटाव अनेक सँवारी।।
सोन रूप भल भयउ पसारा। धवल सिरी पोतहिं घर बारा।।
रतन पदारथ मानिक मोती। हीरा लाल सो अनबन जोती।।
और कपूर बेना कस्तूरी। चंदन अगर रहा भरपूरी।।
जिन्ह एहि हाट न लीन्ह बेसाहा। ता कहँ आन हाट कित लाहा।।

कोई करै बेसाहनी, काहू केर बिकाइ।
कोई चलै लाभ सन, कोई मूर गँवाइ।।13।।

पुनि सिंगारहाट भल देसा। किए सिंगार बैठीं तहँ बेसा।।
मुख तमोल, तन चीर कुसुंभी। कानेन कनक जड़ाऊ खुंभी।।
हाथ बीन सुनि मिरिग भुलाहीं। नर मोहहिं सुनि, पैग न जाहीं।।

भौंह धनुष, तिन्ह नैन अहेरी। मारहिं बान सान सौं फेरी।।
अलक कपोल डोल, हँसि देहीं। लाइ कटाछ मारि जिउ लेहीं।।
कुच कंचुक जानौ जुग सारी। अंचल देहिं सुभावहिं ढारी।।
केत खिलार हारि तेहि पासा। हाथ झारि उठि चलहिं निरासा।।
चेटक लाइ हरहिं मन, जब लगि होइ गथ फेंट।
साँठ नाठि उठि भए बटाऊ, ना पहिचान न भेंट।।14।।

लेइ के फूल बैठि फुलहारी। पान अपूरब धरे सँवारी।।
सोंधा सबै बैठ लै गाँधी। फूल कपूर खिरौरी बाँधी।।
कतहूँ पण्डित पढ़हिं पुरानू। धरमपंथ कर करहिं बखानू।।
कतहूँ कथा कहै किछु कोई। कतहूँ नाच कूद भल होई।।
कतहुँ चिरहँटा पंखी लावा। कतहुँ पखंडी काठ नचावा।।
कतहूँ नाद सबद होइ भला। कतहूँ नाटक चेटक कला।।
कतहुँ काहु ठगविद्या लाई। कतहुँ लेहिं मानुष बौराई।।
चरपट चोर गँठिछोरा मिले रहहिं ओहि नाच।
जो ओहि हाटा सजग भा गथ ताकर पै बाँच।।15।।

पुनि आए सिंघल गढ़ पासा। का बरनौं जनु लाग अकासा।।
तरहिं करिन्ह बासुकि कै पीठी। ऊपर इंद्र लोक पर दीठी।।
परा खोह चहुँ दिसि अस बाँका। काँपै जाँघ, जाइ नहिं झाँका।।
अगम असूझ देखि डर खाई। परै सो सपत पतारहिं जाई।।
नव पौरी बाँकी नवखंडा। नवौ जो चढ़ैं जाइ बरम्हंडा।।
कंचन कोट जरे नग सीसा। नखतहिं भरी बीजु जनु दीसा।।
लंका चाहि ऊँच गढ़ ताका। निरखि न जाइ, दीठि तन थाका।।
हिय न समाइ दीठि नहिं जानहुँ ठाढ़ सुमेर।
कहँ लगि कहौं ऊँचाई, कहँ लगि बरनौं फेर।।16।।

निति गढ़ बाँचि चलै ससि सूरू। नाहि त होइ वाजि रथ चूरू।।
पौरी नवौ बज्र कै साजी। सहस सहस तहँ बैठे पाजी।।
फिरहिं पाँच कोतवार सुभौंरी। काँपै पावै चपत वह पौरी।।
पौरिहिं पौरि सिंह गढ़ि काढ़े। डरपहिं लोग देखि तहँ ठाढ़े।।
बहुविधान वै नाहर गढ़े। जनु गाजहिं, चाहहिं सिर चढ़े।।
टारहिं पूँछ, पसारहिं जीहा। कुंजर डरहिं कि गुंजरि लीहा।।
कनक सिला गढ़ि सीढ़ी लाई। जगमगाहिं गढ़ ऊपर ताईं।।
नवौं खंड नव पौरी औ तहँ बज्र केवार।
चारि बसेरे सौं चढ़ै सत सौं उतरै पार।।17।।

नव पौरी पर दसवँ दुवारा। तेहि पर बाज राज घरियारा।।
घरी सो बैठि गनै घरियारी। पहर पहर सो आपनि बारी।।
जबहीं घरी पूजि तेइँ मारा। घरी घरी घरियार पुकारा।।
परा जो डाँड़ जगत सब डाँड़ा। का निचिंत माटी कर भाँड़ा?।।
तुम्ह तेहि चाक चढ़े हौ काँचे। आएहु रहै न थिर होई बाँचे।।
घरी जो भरी घटी तुम्ह आऊ। का निचिंत होइ सोउ बटाऊ?।।
पहरहिं पहर गजर निति होई। हिया बजर, मन जाग न सोई।।

मुहमद जीवन जल भरन, रहँट घरी कै रीति।
घरी जो आई ज्यों भरी, घरी, जनम गा बीति।।18।।

गढ़ पर नीर खीर दुइ नदी। पनिहारी जैसे दुरपदी।।
और कुंड एक मोतीचुरू। पानी अमृत कीच कपूरू।।
ओहि कै पानि राजा, पै पीया। बिरिध होइ नहिं जौ लहि जीया।।
कंचन-बिरिछ एक तेहि पासा। जस कलपतरु इंद्र कबिलासा।।
मूल पतार, सरग ओहि साखा। अमरबेलि को पाव को चाखा?।।
चाँद पात औ फूल तराईं। होइ उजियार नगर जहँ ताईं।।
वह फल पावै तप करि कोई। बिरिध खाइ तौ जोवन होई।।

राजा भए भिखारी, सुनि वह अमृत भोग।
जेइ पावा सो अमर भा, ना किछु ब्याधि न रोग।।19।।

गढ़ पर बसहिं चार गढ़पती। असुपति, गजपति, भूर-नर पती।।
सब धौराहर सोने साजा। अपने अपने घर सब राजा।।
रूपवंत धनवंत सभागे। परस पखान पौरि तिन्ह लागे।।
भोग-विलास सदा सब माना। दुख चिंता कोई जनम न जाना।।
मँदिर मँदिर सब के चौपारी। बैठि कुँवर सब खेलहिं सारी।।
पासा ढरहिं खेल भल होई। खड़गदान सरि पूज न कोई।।
भाँट वरनि कहि कीरति भली। पावहिं हस्ति घोड़ सिंघली।।

मँदिर मँदिर फुलवारी, चोवा चंदन बास।
निसि दिन रहै बसंत तहँ, छवौ ऋतु बारह मास।।20।।

पुनि चलि देखा राज दुआरा। मानुष फिरहिं पाइ नहीं बारा।।
हस्ति सिंघली बाँधे बारा। जनु सजीव सब ठाढ़ पहारा।।
कौनौ सेत पीत रतनारे। कौ नौ हरे, धूम औ कारे।।
बरनहिं बरन गगन जस मेघा। और तिन्ह गगन पीठि जनु ठेघा।।
सिंघल के बरनौं सिंघली। एक एक चाहि एक एक बली।।

गिरि पहार वै पैगहि पेलहिं। बिरिछ उचारि डारि मुख मेलहिं।।
माते तेइ सब गरजहिं बाँधे। निसि दिन रहहिं महाउत काँधे।।
धरती भार न अँगवै, पाँव धरत उठ हालि।
कुरुम टुटै, भुइँ फाटै तिन हस्तिन्ह के चालि।।21।।

पुनि बाँधे रजवार तुरंगा। का बरनौं जस उन्हकै रंगा।।
लील, समंद चाल जग जाने। हाँसुल, भौंर गियाह बखाने।।
हरे, कुरंग, महुअ बहु भाँती। गरर, कोकाह, बुलाह सु पाँती।।
तीख तुखार चाँड़ औ बाँके। सँचरहिं पौरि ताज बिनु हाँके।।
मन तें अगमन डोलहिं बागा। लेत उसास गगन सिर लागा।।
पौन समान समुद पर धावहिं। बूड़ न पाँव, पार होइ आवहिं।।
थिर न रहहिं, रिस लोह चबाहीं। भाँजहिं पूँछ, सीस उपराहीं।।
अस तुखार सब देखे जनु मन के रथवाह।
नैन पलक पहुँचावहिं जहँ पहुँचा कोई चाह।।22।।

(2) जन्म खण्ड

चंपावति जो रूप सँवारी। पदमावति चाहै औतारी।।
भै चाहै असि कथा सलोनी। मेटि न जाइ लिखी जस होनी।।
सिंहलदीप भए तब नाऊँ। जो अब दिया बरा तेहि ठाऊँ।।
प्रथम सो जोति गगन-निरमई। पुनि सो पिता माथे मनि भई।।
पुनि वह जोति मातु घट आई। तेहि ओदर आदर बहु पाई।।
जस अवधान पूर होइ मासू। दिन दिन हिये होइ परगासू।।
जस अंचल महँ छिपै न दीया। तस उँजियार दिखावैं हीया।।
सोने मँदिर सँवारहिं, औ चंदन सब लीप।
दिया जो मनि सिवलोक महँ, उपना सिंघलद्वीप।।1।।

भए दस मास पूरी भइ घरी। पदमावति कन्या औतरी।।
जानौ सूर किरिन हुति काढ़ी। सूरज कला घाटि, वह बाढ़ी।।
भा निसि महँ दिन कर परकासू। सब उजियार भएउ कबिलासू।।
इते रूप मूरति परगटी। पूनौ ससी छीन होइ घटी।।
घटतहि घटत अमावस भई। दिन दुइ लाज गाड़ि भुइँ गई।।

पुनि जो उठी दुइज होइ नई। निहकलंक ससि विधि निरमई।।
पदुमगंध बेधा जग बासा। भौंर पतंग भए चहुँ पासा।।
इते रूप भै कन्या, जेहि सरि पूज न कोइ।
धनि सो देस रूपवंता, जहाँ जन्म अस होइ।। 2।1।।

भै छठि राति छठीं सुख मानी। रहस कूद सौं रैनि-बिहानी।।
भा बिहान पंडित सब आए। काढ़ि पुरान जनम अरथाए।।
उत्तिम घरी जनम भा तासू। चाँद उआ भुइ, दिपा अकासू।।
कन्यारासि उदय जग कीया। पदमावती नाम अस दीया।।
सूर प्रसंसै भएउ फिरीरा। किरिन जामि, उपना नग हीरा।।
तेहि तें अधिक पदारथ करा। रतन जोग उपना निरमरा।।
सिंहलदीप भए औतारू। जंबूदीप जाइ जमबारू।।
राम अजुध्या ऊपने, लछन बतीसो संग।
रावन रूप सौं भूलिहि, दीपक जैस पतंग।।3।।

गोस्वामी तुलसीदास

गोस्वामी तुलसीदास की जीवनी से सम्बद्ध सूचनाएँ बहुत कम मिलती हैं। इन्होंने अपने बचपन के कष्टों, भयंकर गरीबी, अन्न के लिए द्वार-द्वार भटककर की जाने वाली भिक्षा वृत्ति का उल्लेख अवश्य किया है। जनश्रुति के आधार पर गोस्वामी तुलसीदास का जन्म संवत् 1589 (सन् 1532 ई.) और मृत्यु संवत् 1680 (सन् 1623 ई.) में हुई मानी जाती है। इनके जन्म स्थल के विषय में सोरों, राजापुर और अयोध्या स्थलों की चर्चा होती है। इनकी मृत्यु संवत् 1680 में श्रावण कृष्ण तृतीया शनिवार को काशी में अस्सी घाट पर हुई थी।

तुलसीदास का जन्म का नाम रामबोला बताया जाता है। राजापुर में इनकी जन्मभूमि मानने वाले इनके पिता का नाम आत्माराम दुबे, माँ का नाम हुलसी, पत्नी का नाम रत्नावली और जाति ब्राह्मण बताते हैं। अभुक्तमूल नक्षत्र में पैदा होने के कारण इनके माता-पिता ने अशुभ मानकर इनको छोड़ दिया। विद्वान संत भक्त नरहरिदास ने इनका पालन-पोषण किया। पत्नी रत्नावली से फटकार मिलने पर इनका मन लौकिक जीवन से विरक्त हो गया। तदनंतर ये राम के अनन्य भक्त बन गए। राम के प्रति समर्पण और उन्हीं का गुणगान इनका मुख्य काव्य विषय रहा है। अयोध्या, चित्रकूट और काशी तुलसीदास के प्रिय स्थान रहे हैं। अयोध्या में ही सन् 1575 ई. में चैत्र मास की राम नवमी को तुलसीदास ने मानस की रचना प्रारम्भ की थी। भक्त माल के लेखक नाभादास जी ने गोस्वामी तुलसीदास को कलियुग का वाल्मीकि कहा है। स्मिथ ने इन्हें मुगलकाल का सबसे महान व्यक्ति तथा ग्रियर्स ने बुद्धदेव के बाद सबसे बड़ा लोकनायक माना। नागरी प्रचारिणी सभा ने जो तुलसी ग्रन्थावली प्रकाशित की है, उसमें तुलसी विरचित बारह ग्रन्थों का उल्लेख है। आचार्य रामचन्द्र शुक्ल ने भी इन्हीं बारह ग्रन्थों को प्रामाणिक माना है। इन ग्रन्थों में रामचरितमानस, जानकी मंगल, पार्वती मंगल, रामाज्ञा प्रश्न, वैराग्य संदीपिनी,

कवितावली, गीतावली, दोहावली, श्रीकृष्ण गीतावली, रामलला नहछू, बरवै रामायण और विनय पत्रिका के नाम आते हैं। इन ग्रन्थों में रामचरितमानस, पार्वती मंगल और जानकी मंगल प्रबन्ध काव्य हैं तथा शेष सभी मुक्तक काव्य हैं। विनय पत्रिका, गीतावली, कृष्ण गीतावली, कवितावली की रचना ब्रज भाषा में हुई है और शेष सभी रचनाएँ अवधी भाषा में लिखी गई हैं। कवितावली कवित्त, सवैया, छप्पय आदि छन्दों का संग्रह है। दोहावली भक्ति, नीति और वैराग्य विषयक 573 दोहों का संग्रह है। गीतावली लीला विषयक गीतों का संग्रह है। विनय पत्रिका विनय सम्बन्धी गेय गीतों का संग्रह है। विनय पत्रिका एक सफल गीति काव्य है। इसके पद शास्त्रीय रागों पर आधारित हैं। इस कृति में धनाश्री, रामकली, बसन्त, भैरव, सारंग आदि अनेक रागों का प्रभावी प्रयोग हुआ है। कवि कलियुग के पापों से त्रस्त होकर भगवान राम को एक अर्जी लिखते हैं। इसमें वे अपनी अकिंचनता, दीनता और दयनीयता का चित्रण करते हुए राम के वैभवशाली रूप का वर्णन करते हैं। रामाज्ञा प्रश्न ज्योतिष विचार सम्बन्धी रचना है। इसमें सात-सात दोहों के सात सप्तकों वाले सात सर्ग हैं। वैराग्य संदीपिनी संत महिमा संत स्वभाव और शान्ति का वर्णन करने वाली दोहा चौपाइयों में लिखित छोटी पुस्तिका है। बरवै रामायण में कुल 69 बरवै छन्दों में रामकथा कही गई है। श्रीकृष्ण गीतावली में श्रीकृष्ण चरित सम्बन्धी गेय पद संगृहीत हैं। रामलला नहछू यज्ञोपवीत-विवाह आदि जैसे अवसरों पर गाये जाने वाले लोकगीतों की शैली में लिखित रामकाव्य है।

गोस्वामी तुलसीदास ने अपने समय में प्रचलित काव्य की हर शास्त्रीय और लोक शैली में काव्य रचना की है। सोहर जैसी लोक शैली को उन्होंने अद्भुत काव्य माधुर्य का वाहन बना दिया है। रामलला नहछू, जानकी मंगल और पार्वती मंगल में सोहर छन्द है। गीतावली, श्रीकृष्ण गीतावली और विनय पत्रिका गीत बन्ध परिपाटी की रचनाएँ हैं। कवितावली कवित्त सवैया पद्धति की रचना है। दोहावली फुटकर दोहों का संकलन है। रामचरितमानस में मुख्य छन्द चौपाई है। या बीच-बीच में दोहे, सोरठे, हरिगीतिका तथा अन्य छन्द भी आते हैं। हिन्दी महाकाव्यों में हर दृष्टि से रामचरितमानस एक सर्वश्रेष्ठ रचना है। भाषा की दृष्टि से तुलसीदास जी ने अवधी और ब्रज का प्रयोग किया है। तुलसीदास की कविता वस्तु पक्ष और भाषा-शैली पक्ष के दोनों रूपों में सबल और प्रौढ़ है। अपनी कविता में उन्होंने राम और रामभक्तों का जो चरित्र प्रस्तुत किया है, उसमें मानवता के उच्चतम आदर्शों की स्थापना हुई है। स्वामी, सेवक, भाई, माता, पिता, पत्नी, राजा, प्रजा के उच्चतम भारतीय आदर्शों का एकत्र सुखद साक्षात कराना ही तुलसीदास के काव्य का ध्येय रहा है। तुलसीदास निश्चय ही लोकनायक और महाकवि रहे हैं

(1) रामचरितमानस

संभु प्रसाद सुमति हिअँ हुलसी। रामचरितमानस कवि तुलसी ।।
करै मनोहर मति अनुहारी। सुजन सुचित सुनि लेहुँ सुधारी।।
सुमति भूमि थल हृदय अगाधू। बेद पुरान उदधि धन साधू।।
बरषहिं राम सुजस बर बारी। मधुर मनोहर मंगलकारी।।
लीला सगुन जो कहहिं बखानी। सोइ स्वच्छता करै मल हानी।।
प्रेम भगति जो बरनि न जाई। सोइ मधुरता सुशीतलताई।।
सो जल सुकृत सालि हित होई। राम भगत जन जीवन सोई।।
मेघा महिगत सो जल पावन। सकिलि स्रवन मग चलेउ सुहावन।।
भरेउ सुमानस सुथल थिराना। सुखद सीत रुचि चारु चिराना।।

सुठि सुंदर संबाद बर बिरचे बुद्धि बिचारि।
तेइ एहि पावन सुभग सर घाट मनोहर चारि।।

सप्त प्रबंध सुभग सोपाना। ज्ञान नयन निरषत मन माना।।
रघुपति महिमा अगुन अबाधा। बरनब सोइ बर बारि अगाधा।
राम सीअ जस सलिल सुधा सम। उपमा बीचि बिलास मनोरम।
पुरइनि सघन चारु चौपाई। जुगुति मंजु मनि सीप सुहाई।
छन्द सोरठा सुंदर दोहा। सोइ बहु रंग कमल कुल सोहा।
अरथ अनूप सुभाव सुभाषा। सोइ पराग मकरंद सुबासा।
सुकृत पुंज मंजुल अलि माला। ज्ञान बिराग बिचार मराला।
धुनि अवरेब कबित गुन जाती। मीन मनोहर ते बहुत भाँती।
अरथ धरम कामादिक चारी। कहब ज्ञान विज्ञान बिचारी।
नव रस जप तप जोग बिरागा। ते सब जलचर चारु तड़ागा।
सुकृती साधु नाम गुन गाना। ते बिचित्र जल बिहग समाना।
संत सभा चहुँ दिसि अँबराई। श्रद्धा रितु बसंत सग गाई।
सम जम नियम फूल फल ज्ञाना। हरिपद रति रस बेद बखाना।
औरौ कथा अनेक प्रसंगा। तेइ सुक पिक बहु बिहंगा।

पुलक बाटिका बाग बन सुख सुबिहंग बिहारु।
माली सुमन सनेह जल सींचत लोचन चारु।।

जे गावहिं यह चरित सँभारे। तेइ एहि ताल चतुर रखवारे।।
सदा सुनहिं सादर नर नारी। तेइ सुर बर मानस अधिकारी।।
अति खल जे बिषई बग कागा। एहिं सर निकट न जाहिं अभागा।।
संबुक भेक सेवार समाना। इहाँ न विषय कथा रस नाना।।
तेहि कारन आवत हिअँ हारे। कामी काक बलाक बिचारे।।
आवत एहि सर अति कठिनाई। रामकृपा बिनु आइ न जाई।।
कठिन कुसंग कुपंथ कराला। तिन्ह के बचन बाघ हरि ब्याला।।
गृह कारज नाना जंजाला। तेइ अति दुर्गम सैल बिसाला।।
बन बहुत बिषम मोह मद माना। नदी कुतर्क भयंकर नाना।।

जे श्रद्धा संबल रहित नहिं संतन्ह कर साथ।
तिन्ह कहुँ मानस अगम अति जिन्हहिं न प्रिय रघुनाथ।।

जौं करि कष्ट जाइ पुनि कोइ। जातहिं नींद जुड़ाई होइ।।
जड़ता जाड़ बिषम उर लागा। गएहुँ न मज्जन पाव अभागा।।
करि न जाइ सर मज्जन पाना। फिरि आवै समेत अभिमाना।।
जौं बहोरि कोउ पूछन आवा। सर निंदा करि ताहि बुझावा।।
सकल बिघ्न ब्यापहिं नहिं तेही। राम सुकृपा बिलोकहिं जेही।।
सोइ सादर सर मज्जनु करई। महा घोर त्रयताप न जरई।।
ते नर यह सर तजहिं न काऊ। जिन्हकें रामचरन भल भाऊ।।
जो नहाइ चह एहिं सर भाई। सो सतसंग करौ मन लाई।।
अस मानस मानस चष चाही। भइ कबि बुद्धि बिमल अवगाही।।
भएउ हृदयँ आनंद उछाहू। उमगेउ प्रेम प्रमोद प्रबाहू।।
चली सुभग कबिता सरिता सो। राम बिमल जस जल भरिता सो।।
सरजू नाम सुमंगल मूला। लोक बेद मत मंजुल कूला।।
नदी पुनीत सुमानस नंदिनि। कलि मल तिन तरु मूल निकंदिनि।।

श्रोता त्रिबिधि समाज पुर ग्राम नगर दुहुँ कूल।
संत सभा अनुपम अवध सकल सुमंगल मूल।।

राम भगति सुरसरितहि जाई। मिली सुकीरति सरजू सुहाई।।
सानुज राम समर जसु पावन। मिलेउ महानदु सोन सुहावन।।
जुग बिच भगति देवधुनि धारा। सोहति सहित सुबिरति बिचारा।।
त्रिबिध ताप त्रासक तिमुहानी। राम सरूप सिंधु समुहानी।।

मानस मूल मिली सुरसरिही। सुनत सुजन मन पावन करिही।।
बिच बिच कथा बिचित्र बिभागा। जनु सरि तीर तीर बनु बागा।।
उमा महेस बिवाह बराती। ते जलचर अगनित बहु भांति।।
रघुबर जनम अनंद बधाई। भँवर तरंग मनोहरताई।।

बालचरित चहुँ बंधु के बनज बिपुल बहु रंग।
नृप रानी परिजन सुकृत मधुकर बारि बिहंग।।

सीअ स्वयंबर कथा सुहाई। सरित सुहावनि सो छबि छाई।।
नदी नाव पटु प्रश्न अनेका। केवट कुसल उतर सबिबेका।।
सुनि अनुकथन परस्पर होई। पथिक समाज सोह सरि सोई।।
घोर धार भृगुनाथ रिसानी। घाट सुबद्ध राम बर बानी।।
सानुज राम बिवाह उछाहू। सो सुभ उमग सुखद सब काहू।।
कहत सुनत हरषहिं पुलकाहीं। ते सुकृती मन मुदित नहाहीं।।
राम तिलक हित मंगल साजा। परब जोग जनु जुरे समाजा।।
काई कुमति केकई केरी। परी जासु फलु बिपति घनेरी।।

समन अमित उतपात सब भरत चरित जप जाग।
कलि अघ खल अवगुन कथन ते जल मल बग काग।।

कीरति सरित छहूँ रितु रूरी। समय सुहावनि पावनि भूरी।।
हिम हिमसैलसुता सिव ब्याहू। सिसिर सुखद प्रभु जनम उछाहू।।
बरनब राम बिवाह समाजू। सो मुद मंगल मय रितुराजू।।
ग्रीषम दुसह राम बन गमनू। पंथ कथा खर आतप पवनू।।
बरषा घोर निसाचर रारी। सुरकुल सालि सुमंगलकारी।।
राम राज सुख विनय बड़ाई। बिसद सुखद सोइ सरद सुहाई।।
सती सिरोमनि सिअ गुन गाथा। सोइ गुन अमल अनूपम पाथा।।
भरत सुभाउ सो सीतलताई। सदा एक रस बरनि न जाई।।

अवलोकनि बोलनि मिलनि प्रीति जल परसपर हास।
भायप भलि चहुँ बंधु की जल माधुरी सुबास।।

आरति बिनय दीनता मोरी। लघुता ललित सुबारि न खोरी।।
अद्भुत सलिल सुनत गुनकारी। आस पिआस मनोमल हारी।।
राम सुपेमहि पोषत पानी। हरत सकल कलि कलुष गलानी।।
भव श्रम सोषक तोषक तोषा। समन दुरित दुख दारिद दोषा।।
काम कोह मद मोह नसावन। बिमल बिबेक बिराग बढ़ावन।।
सादर मज्जन पान किए तें। मिटहिं पाप परिताप हिए तें।।

जिन्ह एहि बारि न मानस धोए। ते कायर कलिकाल बिगोए।।
तृषित निरखि रबि कर भाव बारी। फिरिहहिं मृग जिमि जीव दुखारी।।

मति अनुहारि सुबारि गुन गन गनि मन अन्हवाइ।
सुमिरि भवानी संकरहि कह कबि कथा सुहाई।।
अब रघुपति पद पंकरुह हिअँ धरि पाइ प्रसाद।
कहौं जुगल मुनिबर्ज कर मिलन सुभग संबाद।।

झूठेउ सत्य जाहि बिनु जाने। जिमि भुजंग बिनु राजु पहिचाने।।
जेहि जाने जग जाइ हेराई। जागे जथा सपन भ्रम जाई।।
बंदौं बाल रूप सोइ रामू। सब सिधि सुलभ जपत जिसु नामू।।
मंगल भवन अमंगल हारी। द्रवहु सो दसरथ अजिर बिहारी।।
करि प्रनाम रामहि त्रिपुरारी। हरषि सुधा सम गिरा उचारी।।
धन्य धन्य गिरिराज कुमारी। तुम्ह समान नहिं कोउ उपकारी।।
पूछेहू रघुपति कथा प्रसंगा। सकल लोक जग पावनि गंगा।।
तुम्ह रघुबीर चरन अनुरागी। कीन्हिहु प्रस्न जगत हित लागी।।

राम कृपा तें पारबति सपनेहुँ तब मन माहिं।
सोक मोह संदेह भ्रम मम बिचार कछु नाहिं।।

तदपि असंका कीन्हिहु सोई। कहत सुनत सब कर हित होई।।
जिन्ह हरि कथा सुनी नहिं काना। श्रवन रंध्र अहि भवन समाना।।
नयनन्हि संत दरस नहिं देखा। लोचन मोर पंख कर लेखा।।
ते सिर कटु तंबरि सम तूला। जे न नमत हरि गुर पद मूला।।
जिन्ह हरि भगति हृदयँ नहिं आनी। जीवत सव समान तेइ प्रानी।।
जो नहिं करै राम गुन गाना। जीह सो दादुर जीह समाना।।
कुलिस कठोर निठुर सोइ छाती। सुनि हरि चरित न जो हरषाती।।
गिरिजा सुनहु राम कै लीला। सुरहित दनुज बिमोहन सीला।।

रामकथा सुरधेनु सम सेवत सब सुखदानि।
संत समाज सुर लोक सब को न सुनै अस-जानि।।

रामकथा सुंदर करतारी। संसय बिहग उड़ावनिहारी।।
रामकथा कलि बिटप कुठारी। सादर सुनु गिरिराज कुमारी।।
राम नाम गुन चरित सुहाए। जनम करम अगनित श्रुति गाए।।
जथा अनंत राम भगवाना। तथा कथा कीरति गुन नाना।।
तदपि जथाश्रुत जसि मति मोरी। कहिहौं देखि प्रीति अति तोरी।।
उमा प्रस्न तव सहज सुहाई। सुखद संत समंत मोहि भाई।।

एक बात नहिं मोहि सोहानी। जदपि मोहबस कहेहु भवानी।।
तुम्ह जो कहा राम कोउ आना। जेहि श्रुति गाव धरहिं मुनि ध्याना।।

कहहिं सुनहिं अस अधम नर ग्रसे जे मोह पिसाच।
पाखंडी हरिपद बिमुख जानहिं झूठ न साच।।

अज्ञ अकोविद अंध अभागी। काई विषय मुकुर मन लागी।।
लंपट कपटी कुटिल बिसेषी। सनेपहु संत सभा नहिं देखी।।
कहहिं ते बेद असंमत बानी। जिन्हकें सूझ लाभु नहिं हानी।।
मुकुर मलिन अरु नयन बिहीना। राम रूप देखहिं किमि दीना।।
जिन्हकें अगुन न सगुन बिबेका। जल्पहिं कल्पित बचन अनेका।।
हरि माया बस जग भ्रमाहीं। तिन्हहिं कहत कछु अघटित नाहीं।।
बातुल भूत बिबस मतवारे। ते नहिं बोलहिं बचन बिचारे।।
जिन्ह कृत महा मोह मद पाना। तिन्ह कर कहा करिअ नहिं काना।।

अस निज हृदय बिचारि तजु संसय भजु रामपद।
सुनु गिरिराजकुमारि भ्रम तम रबि कर बचन मम।।

सगुनहिं अगुनहिं नहिं कछु भेदा। गावहिं मुनि पुरान बुध बेदा।।
अगुन अरूप अलख अज जोई। भगत प्रेम बस सगुन सो होई।।
जो गुन रहित सगुन सोइ कैसें। जलु हिम उपल बिलग नहिं जैसें।।
जासु नाम भ्रम तिमिर पतंगा। तेहि किमि कहिअ बिमोह प्रसंगा।।
राम सच्चिदानंद दिनेसा। नहिं तहँ मोह निसा लव लेसा।।
सहज प्रकास रूप भगवाना। नहिं तहँ पुनि बिज्ञान बिहाना।।
हरष विषाद ज्ञान अज्ञाना। जीव धर्म अहमिति अभिमाना।।
राम ब्रह्म व्यापक जग जाना। परमानंद परेस पुराना।।

पुरुष प्रसिद्ध प्रकास निधि प्रगटस परावर नाथ।
रघुकुल मनि मम स्वामि सोइ कहि सिव नाएउ माथ।।

निज भ्रम नहिं समुझहिं अज्ञानी। प्रभु पर मोह धरहिं जड़ प्रानी।।
जथा गगन घन पटल निहारी। झाँपेउ भानु कहहिं कुबिचारी।।
चितव जो लोचन अंगुलि लाएँ। प्रगट जुगल ससि तेहि कें भाएँ।।
उमा राम बिषइक अस मोहा। नभ तम धूम धूरि जिमि सोहा।।
बिषय करन सुर जीव समेता। सकल एक तें एक सचेता।।
सब कर परम प्रकासक जोई। राम अनादि अवधपति सोई।।

जगत प्रकास्य प्रकासक रामू। मायाधीस ज्ञान गुन धामू।।
जासु सत्यता तें जड़ माया। भास सत्य इव मोह सहाया।।

रजत सीप महुँ भास जिमि जथा भानुकर बारि।
जदपि भृषा तिहुँ काल सोइ भ्रम न सकै कोउ टारि।।

एहि बिधि जग हरि आश्रित रहई। जदपि असत्य देत दुख अहई।।
जौं सपने सिर काटै कोई। बिनु जागें न दूरि दुख होई।।
जासु कृपाँ अस भ्रम मिटि जाई। गिरिजा सोइ कृपालु रघुराई।।
आदि अंत कोउ जासु न पावा। मति अनुमानि निगम अस गावा।।
बिनु पद चलै सुनै बिनु काना। कर बिनु करम करै बिधि नाना।।
आनन रहित सकल रस भोगी। बिनु बानी बकता बड़ ज़ोगी।।
तन बिनु परस नयन बिनु देखा। ग्रहै घ्रान बिनु बास असेषा।।
असि सब भाँति अलौकिक करनी। महिमा जासु जांइ नहिं बरनी।।

जेहि इमि गावहिं बेद बुध जाहि धरहिं मुनि ध्यान।
सोइ दसरथ सुत भगत हित कोसलपति भगवान।।

राम सप्रेम कहेउ मुनि पाहीं। नाथ कहिअ हम केहि मग जाहीं।।
मुनि मन बिहँसि राम सन कहहीं। सुगम सकल मग तुम्ह कहुँ अहहीं।।
साथ लागि मुनि सिष्य बोलाए। सुनि मन मुदित पचासक आए।।
सबन्हि राम पर प्रेम अपारा। सकल कहहिं मगु दीख हमारा।।
मुनि बटु चारि संग तब दीन्हें। जिन्ह बहु जनम सुकृत सब कीन्हें।।
करि प्रनामु रिषि आयेसु पाई। प्रमुदित हृदय चले रघुराई।।
ग्राम निकट निकसहिं जब जाई। देखहिं दरसु नारि नर धाई।।
होहिं सनाथ जनम फलु पाई। फिरहिं दुखित मनु संग पठाई।।

बिदा किए बटु विनय करि फिरे पाइ मन काम।
उतरि नहाए जमुन जल जो सरीर सम स्याम।।

सुनत तीर बासी नर नारी। धाए निज निज काज बिसारी।।
लखन राम सिय सुंदरताई। देखि करहिं निज भाग्य बड़ाई।।
अति लालसा सबहि मन माहीं। नाउँ गाउँ बूझत सकुचाहीं।।
जे तिन्ह महुँ बयबिरिघ सयाने। तिन्ह करि जुगुति रामु पहिचाने।।
सकल कथा तेन्ह सबहिं सुनाई। बनहि चले पितु आयेसु पाई।।
सुनि सबिषाद सकल पछिताहीं। रानी राय कीन्ह भल नाहीं।।

तेहि अवसरू एकु तापसु आवा। तेज पुंज लघु बयसु सुहावा।।
कबि अलखित गति बेषु बिरागी। मन क्रम बचन राम अनुरागी।।

सजल नयन तन पुलकि निज इष्ट देउ पहिचानि।
परेउ दंड जिमि धरनि तल दसा न जाइ बखानि।।

राम सप्रेम पुलकि उर लावा। परम रंकु जनु पारसु पावा।।
मनहुँ प्रेम परमारथु दोऊ। मिलत धरें तनु कह सबु कोऊ।।
बहुरि लखन पायन्ह सोइ लागा। लीन्ह उठाइ उमगि अनुरागा।।
पुनि सिय चरन धूरि धरि सीसा। जननि जानि सिसु दीन्हि असीसा।।
कीन्ह निषाद दंडवत तेही। मिलेउ मुदित लखि राम सनेही।।
पिअत नयन पुट रूपु पियूषा। मुदित सुअसनु पाइ जिमि भूखा।।
ते पितु मातु कहहु सखि कैसे। जिन्ह पठए बन बालक ऐसे।।
राम लखन सिय रूपु निहारी। सोच सनेह बिकल नर नारी।।

तब रघुबीर अनेक बिधि सखहि सिखावनु दीन्ह।
राम रजायेसु सीस धरि भवन गवनु तेहिं कीन्ह।।

पुनि सिय राम लखन कर जोरी। जमुनहि कीन्ह प्रनामु बहोरी।।
चले ससीय मुदित दोउ भाई। रबितनुजा कै करत बड़ाई।।
पथिक अनेक मिलहिं मग जाता। कहहिं सप्रेम देखि दोउ भ्राता।।
रामलखन सब अंग तुम्हारें। देखि सोचु अति हृदयँ हमारें।।
मारगु चलहु पयादेहिं पाएँ। जोतिषु झूठ हमारे भाएँ।।
अगमु पंथु गिरि कानन भारी। तेहि महँ साथ नारि सुकुमारी।।
करि केहरि बन जाइ न जोई। हम सँग चलहिं जो आयेसु होई।।
जाब जहाँ लगि तहँ पहुँचाई। फिरब बहोरि तुम्हहिं सिरु नाई।।

येहि बिधि पूँछहिं प्रेमबस पुलक गात जल नैन।
कृपासिंधु फेरहिं तिन्हहिं कहि बिनीत मृदु बैन।।

जे पुर गाँव बसहिं मग माहीं। तिन्हहि नाग सुर नगर सिहाहीं।।
केहि सुकृतीं केहि घरीं बसाए। धन्य पुन्यमय परम सुहाए।।
जहँ जहँ राम चरन चलि जाहीं। तिन्ह समान अमरावति नाहीं।।
पुन्य पुंज मग निकट निवासी। तिन्हहिं सराहहिं सुरपुर बासी।।
जे भरि नयन बिलोकहिं रामहि। सीता लखन सहित घनस्यामहि।।
जे सर सरित राम अवगाहहिं। तिन्हहिं देव सर सरित सराहहिं।।

जेहि तरु तर प्रभु बैठहिं जाई। करहिं कलपतरु तासु बड़ाई।।
परसि रामु पद पदुम परागा। मानति भूमि भूरि निज भागा।।
पुर नर नारि मगर अति प्रीति। बासर जाहिं पलक सम बीती।।
सीय सासु प्रति बेष बनाई। सादर करइ सरिस सेवकाई।।
लखा न मरमु राम बिनु काहूँ। माया सब सिय माया माहूँ।।
सीय सासु सेवा बस कीन्ही। तिन्ह लहि सुख सिख आसिष दीन्हीं।।
लखि सिय सहित सरल दोउ भाई। कुटिल रानि पछितानि अघाई।।
अवनि जमहि जाचति कैकेई। महि बीचु बिधि मीचु न देई।।
लोकहुँ बेद बिदित कबि कहहीं। राम बिमुख थलु नरक न लहहीं।।
यहु संसउ सबकें मन माहीं। राम गवनु बिधि अवध कि नाहीं।।

निसि न नींद नहिं भूख दिन भरतु बिकल सुठि सोच।
नीच कीच बिच मगन जस मीनहि सलिल सँकोच।।

कीन्हि मातु मिस काल कुचाली। ईति भीति जस पाकत साली।।
केहि बिधि होइ राम अभिषेकू। मोहि अवकलत उपाउ न एकू।।
अवसि फिरहिं गुर आयेसु मानी। मुनि पुनि कहब राम रुचि जानी।।
मातु कहेहु बहुरहिं रघुराऊ। रामजननि हठ करबि कि काऊ।।
मोहि अनुचर कर केतिक बाता। तेहि महँ कुसमउ बाम विधाता।।
जौं हठ करौं त निपट कुकरमू। हर गिरि तें गुरु सेवक धरमू।।
एकउ जुगुति न मन ठ्हरानी। सोचत भरतहिं रैनि बिहानी।।
प्रात नहाइ प्रभुहि सिरु नाई। बैठत पठए रिषयँ बोलाई।।

गुरु पद कमद प्रनामु करि बैठे आयेसु पाइ।
बिप्र महाजन सचिव सब जुरे सभासद आइ।।

बोले मुनिवर समय समाना। सुनहुँ सभासद भरत सुजाना।।
धरम धुरीन भानुकुल भानू। राजा रामु स्वबस भगवानू।।
सत्यसंध पालक श्रुति सेतू। राम जनमु जग मंगल हेतु।।
गुर पितु मातु बचन अनुसारी। खल दलु दलन देव हितकारी।।
नीति प्रीति परमारथ स्वारथु। कोउ न राम सम जान जथारथु।।
बिधि हरि हरु ससि रबि दिसिपाला। माया जीव करम कुलि काला।।
अहिप महिप जहँ लगि प्रभुताईं। जोग सिद्धि निगमागम गाईं।।
करि बिचार जिअँ देखहु नीकें। राम रजाइ सीस सबही कें।।

राखें राम रजाइ रुख हम सब कर हित होइ।
समुझि सयाने करहु अब सब मिलि संमत सोइ।।

सब कहुँ सुखद राम अभिषेकू। मंगल मोद मूल मगु एकू।।
केहि बिधि अवध चलहिं रघुराऊ। कहहु समुझि सोइ करिअ उपाऊ।।
सब सादर सुनि मुनिबर बानी। नय परमारथ स्वारथ सानी।।
उतरु न आव लोग भए भोरे। तब सिरु नाइ भरत कर जोरे।।
भानुबंस भए भूप घनेरे। अधिक एक तें एक बड़ेरे।।
जनम हेतु सब कहँ पितु माता। करम सुभासुम देइ विधाता।।
दलि दुख सजइ सकल कल्याना। अस असीस राउरि जगु जाना।।
सो गोसाइँ बिधि गति जेहिं छेंकी। सकइ को टारि टेक जो टेकी।।

बूझिअ मोहि उपाउ अब सो सब मोर अभागु।
सुनि सनेहमय बचन गुर उर उमगा अनुरागु।।

तात बात फुरि राम कृपाहीं। राम बिमुख सिधि सपनेहुँ नाहीं।।
सकुचौं तात कहत एक बाता। अरध तजहिं बुध सरबसु जाता।।
तुम्ह कानन गवनहु दोउ भाई। फेरिअहिं लखनु सीय रघुराई।।
सुनि सुबचन हरषे दोउ भ्राता। भे प्रमोद परिपूरन गाता।।
मन प्रसन्न तन तेजु बिराजा। जनु जिए राउ रामु भए राजा।।
बहुतु लाभु लोगन्ह लघु हानी। सम दुख सुख सब रोवहिं रानी।।
कहहिं भरतु मुनि कहा सो कीन्हें। फलु जग जीवन्ह अभिमत दीन्हें।।
कानन करउँ जनम भरि बासू। येहि तें अधिक न मोर सुपासू।।

अंतरजामी रामु सिय तुम्ह सर्बज्ञ सुजान।
जौं फुर कहहु त नाथ निज कीजिअ बचनु प्रवान।।

भरत बचन सुनि देखि सनेहू। सभा सहित मुनि भएअ बिदेहू।।
भरत महा महिमा जलरासी। मुनि मति ठाढ़ि तीर अबला सी।।
गा चह पार जतनु हियँ हेरा। पावति नाव न बोहितु बेरा।।
औरु करिहि को भरत बड़ाई। सरसीं सीपि कि सिंधु समाई।।
भरतु मुनिहि मन भीतर भाए। सहित समाज राम पहिं आए।।
प्रभु प्रनामु करि दीन्ह सुआसनु। बैठे सब सुनि मुनि अनुसासनु।।
बोले मुनिबरु बचन बिचारी। देस काल अवसर अनुहारी।।
सुनहु राम सर्बज्ञ सुजाना। धरम नीति गुन ज्ञान निधाना।।

सब के उर अंतर बसहु जानहु भाउ कुभाउ।
पुरजन जननी भरत हित होइ सो कहिअ उपाउ।।

आरत कहहिं बिचारी न काऊ। सूझ जुआरिहि आपन दाऊ।।
सुनि मुनि बचन कहत रघुराऊ। नाथ तुम्हारेहिं हाथ उपाऊ।।
सब कर हित रुख राउरि राखे। आयेसु किएँ मुदित फुर भाखे।।
प्रथम जो आयेसु मो कहँ होई। माथे मानि करउँ सिख सोई।।
पुनि जेहि कहँ जस कहब गोसाईं। सो सब भाँति घटिहि सेवकाईं।।
कह मुनि राम सत्य तुम्ह भाषा। भरत सनेह बिचारू न राखा।।
तेहि तें कहउँ बहोरि बहोरी। भरत भगति बस भइ मति मोरी।।
मोरें जान भरत रुचि राखी। जो कीजिअ सो सुभ सिव साखी।।

भरत बिनय सादर सुनिअँ करिअँ बिचारु बहोरि।
करब साधुमत लोकमत नृपनय निगम निचोरि।।

गुरु अनुरागु भरत पर देखी। राम हृदयँ आनंदु बिसेषी।।
भरतहि धरमधुरंधर जानी। निज सेवक तन मानस बानी।।
बोले गुर आयेसु अनुकूला। बचन मंजु मृदु मंगल मूला।।
नाथ सपथ पितु चरन दोहाई। भएउ न भुअन भरत सम भाई।।
जे गुर पद अंबुज अनुरागी। ते लोकहुँ बेदहुँ बड़भागी।।
राउर जा पर अस अनुरागू। को कहि सकइ भरत कर भागू।।
लखि लघु बंधु बुद्धि सकुचाई। करत बदन पर भरत बड़ाई।।
भरतु कहहिं सोइ किएँ भलाई। अस कहि रामु रहे अरगाई।।

तब मुनि बोले भरत सन सब सकोचु तजि तात।
कृपासिंधु प्रिय बधु सन कहहु हृदय कइ बात।।

सुनि मुनि बचन राम रुख पाई। गुर साहिब अनुकूल अघाई।।
लखि अपने सिर सबु छरुभारू। कहि न सकहिं किछु करहिं बिचारू।।
पुलकि शरीर सभाँ भए ठाढ़े। नीरज नयन नेह जल बाढ़े।।
कहब मोर मुनिनाथ निबाहा। येहि तें अधिक कहौं मैं काहा।।
मइँ जानउँ निज नाथ सुभाऊ। अपराधिहु पर कोह न काऊ।।
मो पर कृपा सनेहु बिसेषी। खेलत खुनिस न कबहूँ देखी।।
सिसुपन तें परिहरेउँ न संगू। कबहुँ न कीन्ह मोर मनु भंगू।।
मइँ प्रभु कृपा रीति जिअ जोही। हारेहुँ खेल जितावहिं मोही।।

महूँ सनेह सकोच बस सनमुख कहे न बयन।
दरसन तृपित न आजु लगि प्रेम पियासे नयन।।

बिधि न सकेउ सहि मोर दुलारा। नीच बीचु जननी मिस पारा।।
येहउ कहत मोहि आजु न सोभा। अपनी समुझि साधु सुचि को भा।।
मातु मंदि मइँ साधु सुचाली। उर अस आनत कोटि कुचाली।।
फरइ कि कोदव बालि सुसाली। मुकता प्रसव कि संबुक काली।।
सपनेहुँ दोस कलेसु न काहू। मोर अभाग उदधि अवगाहू।।
बिनु समझें निज अघ परिपाकू। जारिउँ जायँ जननि कहि काकू।।
हृदयँ हेरि हारेउँ सब ओराँ। एकहिं भाँति भलेहिं भल मोराँ।।
गुर गोसाइँ साहिब सिय रामू। लागत मोहि नीक परिनामू।।

साधु सभाँ गुर प्रभु निकट कहउँ सुथल सतिभाउ।
प्रेम प्रपंचु कि झूठ फर जानहिं मुनि रघुराउ।।

भूपति मरनु पेम पनु राखी। जननी कुमति जगतु सबु राखी।।
देखिं न जाहिं बिकल महतारीं। जरहिं दुसह जर पुर नर नारीं।।
महीं सकल अनरथ कर मूला। सो सुनि समुझि सहिउँ सब सूला।।
सुनि बन गवनु कीन्ह रघुनाथा। करि मुनि वेष लखतु सिय साथा।।
बिनु पानहिन्ह पयादेहि पाएँ। संकरु साषि रहेउँ येहि घाएँ।।
बहुरि निहारि निषाद सनेहू। कुलसि कठिन उर भएउ न बेहू।।
अब सबु आखिन्ह देखेउँ आई। जिअत जीव जड़ सबइ सहाई।।
जिन्हहि निरखि मग साँपिनि बीछीं। तजहिं विषम बिष तामस तीछीं।।

तेइ रघुनंदनु लखनु सिय अनहित लागे जाहि।
तासु तनय तजि दुसह दुख दैउ सहावइ काहि।।

सुनि अति विकल भरत बर बानी। आरति प्रीति बिनय नय सानी।।
सोक मगन सब सभा खभारू। मनहुँ कमल बन परेउ तुषारू।।
कहि अनेक बिधि कथा पुरानी। भरत प्रबोधु कीन्ह मुनि ज्ञानी।।
बोले उचित बचन रघुनंदू। दिनकर कुल कैरव बन चंदू।।
तात जायँ जिअँ करहु गलानी। ईस अधीन जीव गति जानी।।
तीनि काल तिभुअन मत मोरें। पुन्यसिलोक तात तर तोरें।।
उर आनत तुम्ह पर कुटिलाई। जाइ लोकु परलोकु नसाई।।
दोसु देहिं जननिहि जड़ तेई। जिन्ह गुर साधु सभा नहिं सेई।।

मिटिहइ पापप्रपंच सब अखिल अमंगल भार।
लोक सुजसु परलोक सुख सुमिरत नामु तुम्हार।।

कहहिं संत मुनि बेद पुराना। नहिं कछु दुर्लभ ज्ञान समाना।।
सोइ मुनि तुम्ह सन कहेउ गोसाईं। नहिं आदरेहु भगति की नाईं।।
ज्ञानहि भगतिहि अंतरु केता। सकल कहहु प्रभु कृपानिकेता।।
सुनि उरगारि बचन सुख माना। सादर बोलेउ काग सुजाना।।
भगतिहि ज्ञानहि नहिं कछु भेदा। उभय हरहिं भव संभव खेदा।।
नाथ मुनीस कहहिं कछु अंतर। सावधान सोउ सुनु बिहंगबर।।
ज्ञान बिराग जोग बिज्ञाना। ये सब पुरुष सुनहु हरिजाना।।
पुरुष प्रताप प्रबल सब भाँती। अबला अबल सहज जड़ जाती।।

पुरुष त्यागि सक नारहिं जो बिरक्त मति धीर।
न तु कामी बिषयाबस बिमुख जो पद रघुबीर।।
सोउ मुनि ज्ञान निधान मृगनयनी बिधु मुख निरखि।
बिकल होइ हरिजान नारि बिस्व माया प्रगट।।

इहाँ न पक्षपात कछु राखौं। बेद पुरान संत मत भाखौं।।
मोह ने नारि नारि के रूपा। पन्नगारि यह रीति अनूपा।।
माया भगति सुनहू तुम्ह दोऊ। नारि बर्ग जानै सब कोऊ।।
पुनि रघुबीरहि भगति पियारी। माया खलु नर्तकी बिचारी।।
भगतिहि सानुकूल रघुराया। ता तें तेहि डरपति अति माया।।
राम भगति निरुपम निरुपाधी। बसइ जासु उर सदा अबाधी।।
तेहि बिलोकि माया सकुचाई। करि न सकइ कछु निज प्रभुताई।।
अस बिचारि जे मुनि बिज्ञानी। जाचहिं भगति सकल सुख खानी।।

यह रहस्य रघुनाथ कर बेगि न जानइ कोइ।
जाने ते रघुपति कृपा सपनेहुँ मोह न होइ।।
औरौ ज्ञान भगति कर भेद सुनहु सुप्रबीन।
जो सुनि होइ राम पद प्रीति सदा अबिछीन।।

सुनहु तात यह अकथ कहानी। समुझत बनइ न जाइ बखानी।।
ईश्वर अंस जीव अबिनासी। चेतन अमल सहज सुखरासी।।
सो माया बस भएउ गोसाईं। बँध्यो कीर मर्कट की नाईं।।
जड़ चेतनहि ग्रंथि परि गई। जदपि मृषा छूटत कठिनई।।

तब ते जीव भएउ संसारी। छूट न ग्रंथि न होइ सुखारी।।
श्रुति पुरान बहु कहेउ उपाई। छूट न अधिक अधिक अरुझाई।।
जीव हृदय तम मोह बिसेषी। ग्रंथि छूट किमि परइ न देखी।।
अस संजोग ईस जब करई। तबहुँ कदाचित सो निरुअरई।।
सात्विक श्रद्धा धेनु सुहाई। जौं हरि कृपा हृदयँ बस आई।।
जप तप ब्रत जम नियम अपारा। जे श्रुति कह सुभ धर्म अचारा।।
तेइ तृन हरित चरइ जब गाई। भाव बच्छ सिसु पाइ पेन्हाई।।
नोइ निबृत्ति पात्र बिस्वासा। निर्मल मन अहीर निज दासा।।
परम धर्ममय पय दुहि भाई। अवटइ अनल अकाम बनाई।।
तोष मरुत तब छमा जुड़ावै। धृति सम जावनु देइ जमावै।।
मुदिता मथइ बिचार मथानी। दम अधार रजु सत्य सुबानी।।
तब मथि काढ़ि लेइ नवनीता। बिमल बिराग सुभग सुपुनीता।।

जोग अगिनि करि प्रगट तब कर्म सुभासुभ लाइ।
बुद्धि सिरावइ ज्ञान घृत ममता मल जरि जाई।।
तब बिज्ञानरूपिनी बुद्धि बिसद घृत पाई।
चित्त दिआ भरि धरइ दृढ़ समता दिअटि बनाई।।
तीनि अवस्था नीति गुन तेहि कपास तें काढ़ि।
तूल तुरीय सँवारि पुनि बाती करइ सुगाढ़ि।।
येहि बिधि लेसइ दीप तेजरासि बिज्ञानमय।
जातहिं तासु समीप जरहिं मदादिक सलभ सब।।

सोहमस्मि इति बृत्ति अखंडा। दीप सिखा सोइ परम प्रचंडा।।
आतम अनुभव सुख सुप्रकासा। तब भव मूल भेद भ्रम नासा।।
प्रबल अबिद्या कर परिवारा। मोह आदि तम मिटइ अपारा।।
तब सोइ बुद्धि पाइ उजिआरा। उर गृह बैठि ग्रंथि निरुआरा।।
छोरन ग्रंथि पाव जौं सोई। तौ यह जीव कृतारथ होई।।
छोरत ग्रंथि जानि खगराया। बिघ्न अनेक करइ तब माया।।
रिद्धि सिद्धि प्रेरइ बहु भाई। बुद्धिहि लोभ देखावहिं आई।।
कल बल छल करि जाहिं समीपा। अंचल बात बुझावहिं दीपा।।
होइ बुद्धि जो परम सयानी। तिन्ह तन चितव न अनहित जानी।।
जौं तेहि बिघन बुद्धि नहिं बाधी। तौ बहोरि सुर करहिं उपाधी।।

इंद्री द्वार झरोखा नाना। तहँ तहँ सुर बैठे करि थाना।।
आवत देखहिं **बिषय** बयारी। ते हठि देहिं कपाट उधारी।।
जब सो प्रभंजन उर गृह जाई। तबहिं दीप बिज्ञान बुझाई।।

तब फिरि जीव बिबिध बिधि पावइ संसृति क्लेस।
हरिमाया अति दुस्तर तरि न जाइ बिहगेस।।
कहत कठिन समुझत कठिन साधत कठिन बिबेक।
होइ घुनाच्छर न्याय जौं पुनि प्रत्यूह अनेक।।

ग्रंथि न छूटि मिटा सो प्रकासा। बुद्धि बिकल भइ बिषय बतासा।।
इंद्रिन्ह सुरन्ह न ज्ञान सोहाई। बिषय भोग पर प्रीति सदाई।।
बिषय समीर बुद्धि कृत भोरी। तेहि बिधि दीप को बार बहोरी।।
ज्ञानपंथ कृपान कै धारा। परत खगेस होइ नहिं बारा।।
जौ निर्बिघ्न पंथ निर्बहई। सो कैवल्य परमपद लहई।।
अति दुर्लभ कैवल्य परम पद। संत पुरान निगम आगम बद।।
राम भजत सोइ मुकुति गोसाईं। अनइच्छित आवइ बरिआईं।।
जिमि थल बिनु जल रहि न सकाई। कोटि भाँति कोउ करइ उपाई।।
तथा मोक्ष सुख सुनु खगराई। रहि न सकइ हरि भगति बिहाई।।
अस बिचारि हरि भगत सयाने। मुकुति निरादर भगति लुभाने।।
भगति करत बिनु जतन प्रयासा। संसृति मूल अबिद्या नासा।।
भोजन करिअ तृप्ति हित लागी। जिमि सो असन पचइ जठरागी।।
असि हरि भगति सुगम सुखदाई। को अस मूढ़ न जाहि सुहाई।।

सेवक सेब्य भाव बिनु भव न तरिअ उरगारि।
भजहु राम पद पंकज अस सिद्धान्त बिचारि।।
जो चेतन कहँ जड़ करइ, जड़हि करइ चैतन्य।
अस समरथ रघुनायकहिं भजहिं जीव ते धन्य।।

कहेउँ ज्ञान सिद्धान्त बुझाई। सुनहु भगति मनि कै प्रभुताई।।
राम भगति चिंतामनि सुंदर। बसइ गरुड़ जाके उर अंतर।।
परम प्रकास रूप दिन राती। नहिं कछु चहिअ दिया घृत बाती।।
मोह दरिद्र निकट नहिं आवा। लोभ बात नहिं ताहि बुझावा।।
प्रबल अबिद्या तम मिटि जाई। हारहिं सकल सलभ समुदाई।।
खल कामादि निकट नहिं जाहीं। बसइ भगति जाके उर माहीं।।
गरल सुधा सम अरि हित होई। तेहि मनि बिनु सुख पाव न कोई।।
ब्यापहिं मानस रोग न भारी। जिन्हके बस सब जीव दुखारी।।

राम भगति मनि उर बस जाकें। दुख लव लेस न सपनेहु ताकें।।
चतुर सिरोमनि तेइ जग माहीं। जे मनि लागि सुजतन कराहीं।।
सो मनि जदपि प्रगट जग अहई। राम कृपा बिनु नहिं कोउ लहई।।
सुगम उपाय पाइबे केरे। नर हतभाग्य देहिं भटभेरे।।
पावन पर्बत बेद पुराना। राम कथा रुचिराकर नाना।।
मर्मी सज्जन सुमति कुदारी। ज्ञान बिराग नयन उरगारी।।
भाव सहित खोजइ जो प्रानी। पाव भगति मनि सब सुखखानी।।
मोरे मन प्रभु अस बिस्वासा। राम तें अधिक राम कर दासा।।
राम सिंधु घन सज्जन धीरा। चंदन तरु हरि संत समीरा।।
सब कर फल हरि भगति सुहाई। सो बिनु संत न काहू पाई।।
अस बिचारी जोइ कर सतसंगा। राम भगति तेहि सुलभ बिहंगा।।

ब्रह्म पयोनिधि मंदर ज्ञान संत सुर आहिं।
कथा सुधा मथि काढ़हिं भगति मधुरता जाहिं।।
बिरति चर्म असि ज्ञान मद लोभ मोह रिपु मारि।
जय पाइअ सो हरि भगति देखु खगेश बिचारि।।

(2) विनय पत्रिका

केसव कहि न जाइ का कहिए।
देखत तव रचना बिचित्र अति समुझि मनहिं मन रहिए।।
सून्य भीति पर चित्र रंग नहिं तनु बिनु लिखा चितेरे।
धोए मिटै न मरै भीति दुख पाइय यहि तनु हेरे।।
रबिकर नीर बसै अति दारुन मकर रूप तेहि नाहीं।
बदनहीन सों ग्रसै चराचर पान करन जे जाहीं।।
कोउ कह सत्य झूठ कह कोऊ जुगल प्रबल कोउ मानै।
तुलसिदास परिहरै तीनि भ्रम सो आपन पहिचानै।।1।।

केसव कारन कौन गुसाईं।
जेहि अपराध असाधु जानि मोहिं तजेहु अज्ञ की नाईं।।
परम पुनीत संत कोमलचित तिनहिं तुमहिं बनि आई।

तौ कत बिप्र ब्याध गनिकहिं तारेहु कछु रही सगाई।।
काल कर्म गति अगति जीव की सब हरि हाथ तुम्हारे।
सोइ कछु करहु हरहु ममता मम फिरहुँ न तुमहिं बिसारे।।
जौ तुम तजहु भजौं न आन प्रभु यह प्रमान पन मोरे।
मन क्रम बचन नरक सुरपुर जहँ तहँ रघुबीर निहोरे।।
जद्यपि नाथ उचित न होत अस प्रभु सों करौं ढिठाई।
तुलसिदास सीदत निसि दिन देखत तुम्हारी निठुराई।।2।।

माधव मोह फाँस क्यों टूटै।
बाहिर कोटि उपाय करिय अभ्यंतर ग्रंथि न छूटै।।
घृतपूरन कराह अंतरगत ससि प्रतिबिंब दिखावै।
ईंधन अनल लगाइ कलप सत औटत नास न पावै।।
तरु कोटर महँ बस बिहंग तरु काटे मरै न जैसे।
साधन करिय बिचार हीन मन सुद्ध होइ नहिं तैसे।।
अंतर मलिन बिषय मन अति तन पावन करिय पखारे।
मरै न उरग अनेक जतन बलमीक बिबिध बिधि मारे।।
तुलसिदास हरि गुरु करुना बिनु बिमल बिबेक न होई।
बिनु बिबेक संसार घोर निधि पार न पावै कोई।।3।।

हे हरि कवन दोष तोहिं दीजै।
जेहि उपाय सपनेहुँ दुर्लभ गति सोइ निसि बासर कीजै।।
जानत अर्थ अनर्थ रूप तमकूप परब यहि लागें।
तदपि न तजत स्वान अज खर ज्यों फिरत बिषय अनुरागें।।
भूत द्रोह कृत मोह बस्य हित आपन मैं न बिचारा।।
मद मत्सर अभिमान ज्ञान रिपु इन महँ रहनि अपारा।।
बेद पुरान सुनत समुझत रघुनाथ सकल जगव्यापी।
भेदत नहिं श्रीखंड बेनु इव सारहीन मन पापी।।
मैं अपराध सिंधु करुनाकर जानत अंतरजामी।
तुलसिदास भवब्याल ग्रसित तब सरन उरग रिपु गामी।।4।।

हे हरि यह भ्रम की अधिकाई।
देखत सुनत कहत समुझत संसय संदेह न जाई।।
जौ जग मृषा ताप त्रय अनुभव होहिं कहहु केहि लेखें।

कहि न जाइ मृगबारि सत्य भ्रम तें दुख होइ बिसेखें।।
सुभग सेज सोवत सपने बारिधि बूड़त भय लागै।
कोटिहुँ नाव न पार पाव कोउ जब लगि आपु न जागै।।
अनबिचार रमनीय सदा संसार भयंकर भारी।
सम संतोष दया बिबेक तें व्यवहारी सुखकारी।।
तुलसिदास सब बिधि प्रपंच जग जदपि झूठ श्रुति गावै।
रघुपति भगति संत संगति बिनु को भवत्रास नसावै।।5।।

जौ निज मन परिहरै बिकारा।
तौ कत द्वैत जनित संसृति दुख संसय सोक अपारा।।
सत्रु मित्र मध्यस्थ तीनि ये मन कीन्हें बरिआईं।
त्यागब गहब उपेच्छनीय अहि हाटक तृन की नाईं।।
असन बसन पसु बस्तु बिबिध बिधि सब मनि महँ रह जैसे।
सरग नरक चर अचर लोक बहु बसत मध्य मन तैसे।।
बिटप मध्य पुत्रिका सूत्र महँ कंचुक बिनहिं बनाए।
मन महँ तथा लीन नाना तनु प्रगटत अवसर पाए।।
रघुपति भगति बारि छालित चित बिनु प्रयास ही सूझै।
तुलसिदास कह चिद बिलास जग बूझत बूझत बूझै।।6।।

कैसे देउँ नाथहिं खोरि।
कामलोलुप भ्रमत मन हरि भगति परिहरि तोरि।।
बहुत प्रीति पुजाइबे पर पूजिबे पर थोरि।
देत सिख सिखयो न मानत मूढ़ता असि मोरि।।
किये सहित सनेह जे अघ हृदय राखे चोरि।
संग बस किये सुभ सुनाए सकल लोक निहोरि।।
करौं जो कछु धरौं सचि पचि सुकृत सिला बटोरि।
पैठि उर बरबस दयानिधि दंभ लेत अँजोरि।।
लोभ मनहिं नचाव कपि ज्यों गरे आसा डोरि।
बात कहौं बनाइ बुध ज्यों बर बिराग निचोरि।।
एतेहुँ पर तुम्हरो कहावत लाज अँचई घोरि।
निलजता पर रीझि रघुबर देहु तुलसिहिं छोरि।।7।।

रघुपति भगति करत कठिनाई।
कहत सुगम करनी अपार जानै सोइ जेहि बनि आई।।

जो जेहि कला कुसल ता कहँ सोइ सुलभ सदा सुखकारी।
सफरी सनमुख जल प्रबाह सुरसरी बहै गज भारी।।
ज्यों सर्करा मिलै सिकता महँ बल तें न कोउ बिलगावै।
अति रसज्ञ सूच्छम पिपीलिका बिनु प्रयास ही पावै।।
सकल दृश्य निज उदर मेलि सोवै निद्रा तजि जोगी।
सोइ हरिपद अनुभवै परम सुख अतिसय द्वैत बियोगी।।
सोक मोह भय हरष दिवस निसि देस काल तहँ नाहीं।
तुलसिदास यहि दसाहीन संसय निर्मूल न जाहीं।।8।।

जाकें प्रिय न राम बैदेही।
सो छाँड़िऐ कोटि बैरी सम जद्यपि परम सनेही।।
तज्यो पिता प्रहलाद बिभीषन बंधु भरत महतारी।
बलि गुरु तज्यो कंत ब्रज बनितनि भए मुदमंगलकारी।।
नाते नेह राम के मनियत सुहृद सुसेव्य जहाँ लौं।
अंजन कहा आँखि जेहि फूटै बहुतक कहौं कहाँ लौं।।
तुलसी सो सब भाँति परम हित पूज्य प्रान ते प्यारो।
जासों होय सनेह रामपद एतो मतो हमारो।।9।।

मैं तोहिं अब जान्यों संसार।
बाँधि न सकहि मोहिं हरि के बल प्रगट कपट आगार।।
देखत ही कमनीय कछू नाहिंन पुनि कियें विचार।
ज्यों कदलीतरु मध्य निहारत कबहुँ न निकसत सार।।
तेरे लिये जनम अनेक मैं फिरत न पायों पार।
महामोह मृगजल सरिता महँ बोर्‌यो हौं बारहिं बार।।
सुनु खल छल बल कोटि किए बस होहिं न भगत उदार।
सहित सहाय तहाँ बसि अब जेहि हृदय न नंदकुमार।।
तासों करहु चातुरी जो नहिं जानै मरम तुम्हार।
सो परि डरै मरै रजु अहि तें बूझै नहिं व्यवहार।।
निज हित सुनु सठ हठ न करहि जो चहहि कुसल परिवार।
तुलसिदास प्रभु के दासन तजि भजहि जहाँ मद मार।।10।।

राम कहत चलु राम कहत चलु राम कहत चलु भाई रे।
नाहिं तौ भव बेगारि महँ परिहौ छूटत अति कठिनाई रे।।

बाँस पुरान साज सब अटखट सरल तिकोन खटोला रे।
हमहिं दिहल करि कुटिल करमचँद मंद मोल बिनु डोला रे।।
बिषम कहार मार मदमाते चलहिं न पाउँ बटोरा रे।
मंद बिलंद अभेरा दलकन पाइय दुख झकझोरा रे।।
काँट कुरायँ लपेटन लोटन ठाँवहिं ठाँउँ बझाऊ रे।
जस जस चलिय दूरि तस निज बास न भेंट लगाऊ रे।।
मारग अगम संग नहिं संबल नाउँ गाउँ कर भूला रे।
तुलसिदास भवत्रास हरहु अब होहु राम अनुकूला रे।।11।।

मोहिं मूढ़ मन बहुत बिगोयो।
याके लिए सुनहु करुनामय मैं जग जनमि जनमि दुख रोयो।
सीतल मधुर पियूष सहज सुख निकटहिं रहत दूरि जनु खोयो।
बहु भाँतिन श्रम करत मोहबस बृथहिं मंदमति बारि बिलोयो।।
करम कीच जिय जानि सानि चित चाहत कुटिल मलहिं मल धोयो।
तृषावंत सुरसरि बिहाय सठ फिरि फिरि बिकल अकास निचोयो।।
तुलसिदास प्रभु कृपा करहु अब मैं निज दोष कछू नहिं गोयो।
डासत ही गइ बीति निसा सब कबहुँ न नाथ नींद भरि सोयो।।12।।

जानि पहिचानि मैं बिसारे हौं कृपानिधान।
एतो मान ढीठ हौं उलटि देत खोरि हौं।
करत जतन जासों जोरिबे को जोगीजन
तासों क्योंहूँ जुरी सो अभागो बैठो तोरि हौं।।
मोसे दोसकोस को भुवनकोस दूसरो न
आपनी समुझि सूझि आयो टकटोरि हौं।
गाड़ी के स्वान की नाईं माया मोह की बड़ाई
छिनहि तजत दिन भजत बहोरि हौं।।
बड़ो साँइद्रोही न बराबरी मेरी को कोऊ
नाथ की सपथ किए कहत करोरि हौं।
दूरि कीजै द्वार तें लबार लालची प्रपंची
सुधा सो सलिल सूकरी ज्यों गहडोरिहौं।।
राखिए नीके सुधारि नीच को डारिए मारि
दुहूँ ओर की बिचारि अब न निहोरिहौं।
तुलसी कहीं है साँची रेख बार बार खाँची
ढील किए नाम महिमा की नाव बोरिहौं।।13।।

(3) गीतावली

राघौ गीध गोद करि लीन्हों।
नयन सरोज सनेह सलिल सुचि मनहुँ अरघजल दीन्हों।।
सुनहु लषन खगपतिहि मिले बन मैं पितु मरन न जान्यौ।
सहि न सक्यौ सो कठिन बिधाता बड़ो पछु आजुहि भान्यौ।।
बहु बिधि राम कह्यो तनु राखन परम धीर नहि डोल्यो।
रोकि प्रेम अवलोकि बदनबिधु बचन मनोहर बोल्यौ।।
तुलसी प्रभु झूठे जीवन लगि समय न धोखो लैहों।
जाको नाम मरत मुनि दुर्लभ तुमहिं कहाँ पुनि पैहौं।।1।।

कबहूँ कपि राघव आवहिंगे।
मेरे नयन चकोर प्रीतिबस राकाससि मुख दिखरावहिंगे।।
मधुप मराल मोर चातक ह्वै लोचन बहु प्रकार धावहिंगे।
अंग अंग छबि भिन्न भिन्न सुख निरखि निरखि तहँ तहँ छावहिंगे।।
बिरह अगिनि जरि रही लता ज्यों कृपादृष्टि जल पलुहावहिंगे।
निज बियोग दुख जानि दयानिधि मधुर बचन कहि समुझावहिंगे।।
लोकपाल सुर नाग मनुज सब परे बंदि कब मुकुतावहिंगे।
रावनबध रघुनाथ बिमल जस नारदादि मुनिजन गावहिंगे।।
यह अभिलाष रैन दिन मेरे राज बिभीषन कब पावहिंगे।
तुलसिदास प्रभु मोहजनित भ्रम भेदबुद्धि कब बिसरावहिंगे।।2।।

रावन जु पै राम रन रोषे।
को कहि सकै सुरासुर समरथ बिसिष काल दसननिं तें चोषे।।
तपबल भुजबल कै सनेहबल सिव बिरंचि नीकी बिधि तोषे।
सो फल राज समाज सुवन जन आपुन नास आपने पोषे।।
तुला पिनाक साहु नृप त्रिभुवन भट बटोरि सबके बल जोषे।।
परसुराम से सूर सिरोमनि पल में भए खेत के से धोषे।
कालि की बात बालि की सुधि करि समुझि हिताहित खोलि झरोषे।
कह्यो कुमंत्रिन को न मानिए बड़ी हानि जिय जानि त्रिदोषे।।
जासु प्रसाद जनमि जग पुरुषनि सागर सृजे खने अरु सोखे।
तुलसिदास सो स्वामि न सूझ्यो नयन बीस मंदिर के से मोखे।।3।।

तुम्हरे बिरह भई गति जौन।
चित दै सुनहु राम करुनानिधि जानौं कछु पै सकौं कहि हौं न।।
लोचन नीर कृपिन के धन ज्यों रहत निरंतर लोचन कोन।
हा धुनि खगी लाज पिंजरी महँ राखि हिये बड़े बधिक हठि मौन।।
जेहि बाटिका बसति तहँ खग मृग तजि तजि भजे पुरातन भौन।
स्वास समीर भेंट भइ भोरेहुँ तेहि मग पगु न धर्यो तिहुँ पौन।।
तुलसिदास प्रभु दसा सीय की मुख करि कहत होति अति गौन।
दीजै दरस दूरि कीजै दुखहौ तुम्ह आरत आरति दौन।।4।।

कपि के सुनि कल कोमल बैन।
प्रेम पुलकि सब गात सिथिल भए भरे सलिल सरसीरुह नैन।।
सिय बियोग सागर नागर मनु बूड़न लग्यो सहित चित चैन।
लही नाव पवनज प्रसन्नता बरबस तहाँ गह्यो गुन मैन।।
सकत न बूझि कुसल बूझे बिन गिरा बिपुल व्याकुल उर ऐन।
ज्यों कुलीन सुचि सुमति बियोगिनि सनमुख सहै बिरह सर पैन।।
धरि धरि धीर बीर कोलपति किए जतन सके उत्तरु दै न।
तुलसिदास प्रभु सखा अनुज सों सैनहिं कह्यौ चलहु सहि सैन।।5।।

मेरो सब पुरुषारथ थाको।
बिपति बँटावन बंधु बाहु बिनु करौं भरोसो काको।।
सुनु सुग्रीव साँचेहूँ मोपर फेर्यो बदन बिधाता।
ऐसे समय समर संकट हौं तज्यो लषन सो भ्राता।।
गिरि कानन जैहैं साखामृग हौं पुनि अनुज सँघाती।
ह्वै है कहा बिभीषन की गति रही सोच भरि छाती।।
तुलसी सुनि प्रभु बचन भालु कपि सकल बिकल हिय हारे।
जामवंत हनुमंत बोलि तब औसर जानि प्रचारे।।6।।

जो हौं अब अनुशासन पावौं।
तौ चंद्रमहिं निचोरि चैल ज्यों आनि सुधा सरि नावौं।।
कै पाताल दलौं ब्यालावलि अमृत कुंड महि लावौं।
भेदि भुवन करि भानु बाहिरो तुरत राहु दै तावौं।।
बिबुध बैद बरबस आनौं धरि तौ प्रभु अनुग कहावौं।
पटकौं मीच नीच मूषक ज्यों सबहिं को पापु बहावौं।।
तुम्हरिहि कृपा प्रताप तिहारेहि नेकु विलंब न लावौं।
दीजै सोइ आयसु तुलसीप्रभु जेहि तुम्हरे मन भावौं।।7।।

सूरदास

सगुण भक्ति शाखा के कृष्णमार्गी भक्त सूरदास के सम्बन्ध में बहुत कम ज्ञात हो सका है। महाप्रभु वल्लभाचार्य के पौत्र गोकुलनाथ कृत चौरासी वैष्णवन की वार्ता तथा सूरदास कृत सूरसारावली और साहित्य लहरी के आधार पर आचार्य रामचन्द्र शुक्ल ने इनका जन्म समय संवत् 1540 (सन् 1478 ई.) और मृत्यु संवत् 1620 (सन् 1589 ई.) स्वीकार की है। कुछ विद्वान सूरदास का जन्म स्थान रुनकता (रेणुका क्षेत्र) मानते हैं। इनके माता-पिता के सम्बन्ध में प्रामाणिक रूप से कुछ नहीं कहा जा सकता। इनकी जाति पर भी मतभेद है। कुछ विद्वान इन्हें ब्रह्मभाट तथा कुछ सारस्वत ब्राह्मण मानते हैं। इसी तरह कुछ विद्वान इन्हें विवाहित और कुछ अविवाहित मानते हैं। सूरदास के अंधत्व को लेकर भी पर्याप्त मतभेद रहा है। जन्मान्ध कवि द्वारा सांसारिक पदार्थों का ऐसा सुन्दर एवं मार्मिक चित्रण अलौकिक प्रतिभा अथवा भागवत कृपा से ही संभव है। हजारी प्रसाद द्विवेदी का मानना है कि सूर जन्मान्ध नहीं थे। शायद ये बाद में अन्धे हुए। प्रकृति के विविध रंग-रूपों और बालकों तथा युवा-युवतियों की विभिन्न सूक्ष्मतम मुद्राओं एघं चेष्टाओं का सूर ने जिस सूक्ष्मता से चित्रण किया है, कोई अन्धा व्यक्ति नहीं कर सकता। इतना स्पष्ट है कि संवत् 1567 में गऊघाट पर जब वे आचार्य वल्लभ से मिले थे और उनसे दीक्षा ग्रहण की थी, तब वे अन्धे थे।

सूरदास घर-बार छोड़कर गाँव के बाहर पीपल के नीचे बैठकर शकुन विचार करते और भगवत भजन में लीन रहते। आगरा और मथुरा के बीच गऊघाट में निवास करते हुए इनकी भक्ति और गायन की ख्याति इतनी फैली कि मथुरा जाते समय स्वयं महाप्रभु इनसे मिलने आए। महाप्रभु वल्लभाचार्य की आज्ञा से श्रीनाथ जी के मंदिर में भजन कीर्तन करने लगे। यहाँ की गायक मण्डली में गायक थे। ये अष्टछाप के नाम से प्रसिद्ध रहे हैं। इन सब में सूरदास का नाम सर्वोपरि रहा है। सूरदास मुख्य रूप से स्नेह, वात्सल्य, ममता और प्रेम के कवि रहे हैं। वात्सल्य रस का तो

इन्हें अवतार माना गया है। सूर जैसा बाल मनोविज्ञान का ज्ञाता एवं उस अनुभव ज्ञान को गीतों में साकार करने वाला अन्य कोई कवि नहीं है। भ्रमर गीत इनका सर्वश्रेष्ठ विरह एवं उपालम्भ काव्य माना गया है। सूरसागर, साहित्य लहरी एवं सूरसारावली इनकी काव्य रचनाएँ हैं।

सूरदास की अक्षय कीर्ति का आधार सूरसागर है। सूरसागर में सवा लाख पद थे परन्तु उपलब्ध सूरसागर में पाँच हजार पद ही मिलते हैं। इसमें कुल बारह स्कन्ध (अध्याय) हैं। सूर प्रेम के कवि हैं। बच्चे का प्रेम, माता-पिता का प्रेम, बच्चों का पारस्परिक प्रेम, बच्चे-बच्चियों का प्रेम, युवा-युवती का प्रेम, पालित-अपालित पशु-पक्षियों के प्रेम तथा प्रकृति प्रेम का चित्रण प्रस्तुत करने में सूरदास ने अपनी प्रतिभा का अनोखा परिचय दिया है। सूर रूप के कवि हैं। सूर लीला के कवि हैं। रूप और लीला का मूल प्रयोजन सूरदास प्रेम को मानते हैं। अतः प्रेम के अनेक रूप और रंग सूर के काव्य में मिलते हैं। गऊघाट पर रहते हुए ये विनय के पदों की रचना करके उन्हें गाया करते थे, जिनमें सगुण ब्रह्म की महत्ता और अपनी लघुता की बहुत ही भाव-प्रवण अभिव्यक्ति उन्होंने की है। पुष्टिमार्ग में दीक्षित होने के बाद सूरदास ने जिन पदों की रचना की उनके केन्द्रीय विषय वात्सल्य, सख्य और माधुर्य प्रेम के अप्रतिम उदाहरण हैं—

जसादो हरि पालने झुलावै
लहरावे, दुलरावै, मल्हावे जोई सोई कछु गावै।

कृष्ण जब बड़े हो गए और शरारतें करने लगते हैं तब पकड़े जाने पर बहाने बनाते हैं—

मैया मोहीं, मैं नहीं माखन खायो
ग्वाल-बाल बैर पड़े हैं सब, बरबस मुख लपटायो।

बच्चों के प्रति बड़ों के और बच्चों के प्रति बच्चों के सहज मानवीय प्रेम की जितनी यथार्थ और हृदय स्पर्शी अनुभूति सूर के काव्य में अभिव्यक्त हुई है, उतनी सहज और व्यापक अनुभूति अन्यत्र उपलब्ध नहीं है। बच्चा कैसे बढ़ता-पलता है, कैसे सोता-जागता है, कैसे रूठता-मचलता है, कैसे झूठ बोलता है, कैसे बहाने बनाता है, कैसे एक-दूसरे से मिलकर नित नई शरारतें करता है, कैसे आपस में खेलता-झगड़ता है, इनके एक से बढ़कर एक हजारों मनोहर चित्र सूरदास के बाल-लीला के पदों में भरे पड़े हैं। सूरकाव्य में माधुर्य प्रेम का भी अत्यन्त विशद और व्यापक रूप देखने की मिलता है। बचपन से एक साथ खेलने-कूदने वाले बालक-बालिका जब बड़े हो जाते हैं तो उनमें आपस में कैशोर प्रेम की अनुभूति

जगने लगती है। इसकी बड़ी ही मनोहारी झाँकी हमें पनघट लीला, दान लीला, मान लीला, रास लीला, चीर हरण लीला और भ्रमर गीत प्रसंग में मिलती है। संयोग वर्णन हो या वियोग वर्णन सूर काव्य की यह कोई क्षणिक घटना नहीं है बल्कि प्रेममय जीवन की एक गहरी एवं प्रवहमान धारा है, जिसमें डुबकियाँ लगाने वालों को दिव्य माधुर्य के अतिरिक्त और कहीं कुछ नहीं दिखाई पड़ता है। सूरसागर निश्चय ही बाल चेष्टाओं का विश्वकोश है। रसराज शृंगार का चित्रण लीला-पदों और भ्रमर गीत में हुआ है। सूर की गोपियों का विरह इतना मार्मिक है कि प्रकृति भी उनके साथ रोती है।

साहित्य लहरी में राधा-कृष्ण की लीला का वर्णन है। यह अलंकार तथा नायिका भेद का ग्रन्थ है। इसमें अनेक दृष्टिकूट पद हैं। सूर सारावली में 1103 पद हैं। इसमें कृष्ण चरित के विविध पक्षों को उद्घाटित किया गया है। सूरदास की शक्ति का आधार उनकी भाषा है। बोल-चाल की भाषा का काव्यात्मक प्रयोग सबसे पहले सूरदास में ही दिखाई देता है। सूरदास ने बोल-चाल की ब्रज भाषा का प्रयोग किया है। चित्रात्मकता, बिम्बात्मकता और सहजता सूर की काव्य भाषा के अंगभूत तत्व हैं। शब्द-स्पर्श-रूप-रस और गन्ध के बिम्बों की भरमार सूरदास के पदों में मिलती है। ब्रज भाषा के लय और प्रवाह की, मुहावरों और लोकोक्तियों की अक्षय निधि सूर के काव्य में पग-पग पर बिखरी दिखाई पड़ती है। हजारी प्रसाद द्विवेदी के शब्दों में सूरदास जब अपने प्रिय विषय का वर्णन शुरू करते हैं तो मानों अलंकार शास्त्र हाथ जोड़कर उनके पीछे-पीछे दौड़ा करता है, उपमाओं की बाढ़ आ जाती है, रूपकों की वर्षा होने लगती है। पन्ने पर पन्ने पढ़ते जाइए; केवल उपमाओं और रूपकों की छटा, अन्योक्तियों का ठाट, लक्षणा और व्यंजना का चमत्कार–यहाँ तक कि एक ही चीज दो-दो, चार-चार, दस-दस बार तक दुहराई जा रही है, फिर भी स्वाभाविक और सहज प्रवाह कहीं भी आहत नहीं होता है। संगीतात्मकता सूर काव्य की एक बड़ी शक्ति है। संगीत के प्रवाह में कवि अपने साथ पाठक एवं श्रोता को बहाए ले जाता है। अतः स्पष्ट है कि सूरदास का हिन्दी काव्य जगत में महत्त्वपूर्ण स्थान है।

पद

राग कल्याण

उद्धव मन अभिलाष बढ़ायो।
जदुपति जोग जानि जिय साँचो नयन अकास चढ़ायो।।
नारिन पै मोको पठवत हौ कहत सिखावन जोग।।
मनहीं मन अब करत प्रसंसा है मिथ्या सुखभोग।।
आयसु मानि लियो सिर ऊपर प्रभु आज्ञा परमान।।
सूरदास प्रभु पठवत गोकुल मैं क्यों कहाँ कि आन।।1।।

उद्धव प्रति कुब्जा के वाक्य

राग सारंग

सुनियो एक सँदेसो ऊधो तुम गोकुल को जात।
ता पाछे तुम कहियो उनसों एक हमारी बात।।
मात पिता को हेत जानि कै कान्ह मधुपुरी आए।
नाहिन स्याम तिहारे प्रीतम, ना जसुदा के जाए।।
समुझौ बूझौ अपने मन में तुम जो कहा भलो कीन्हो।
कह बालक, तुम मत्त ग्वालिनी सबै आप बस कीन्हो।।
और जसोदा माखन काजै बहुतक त्रास दिखाई।
तुमहिं सबै मिलि दाँवरि दीन्हीं रंच दया नहिं आई।।
अरु बृषभानुसुता जो कीन्हीं सो तुम सब जिय जानो।
याही लाज तजी ब्रजमोहन अब काहे दुख मानो?
सूरदास यह सुनि सुनि बातें स्याम रहे सिर नाई।
इत कुब्जा उत प्रेम ग्वालिनी कहत न कछु बनि आई।।2।।

उद्धव का ब्रज में आना

राग मलार

कोऊ आवत है तन स्याम।

वैसेइ पट, वैसिय रथ बैठनि, वैसिय हे उर दाम।।
जैसी हुतिं उठि तैसिय दौरीं छाँड़ि सकल गृह काम।
रोम पुलक, गद्गद भइँ तिहि छिन सोचि अंग अभिराम।।
इतनी कहत आय गए ऊधो, रहीं ठगी तिहि ठाम।
सूरदास प्रभु ह्याँ क्यों आवैं बँधे कुब्जारस स्याम।।3।।

उद्धव का ब्रज में दिखाई पड़ना

राग मलार

है कोई वैसोई अनुहारि।
मधुबन तें इत आवत, सखि री! चितौ तु नयन निहारी।।
माथे मुकुट, मनोहर कुण्डल, पीत बसन रुचिकारि।।
रथ पर बैठि कहत सारथि सों, ब्रज तन बाँह पसारि।।
जानति नाहिंन पहिचानति हौं मनु बीते जुग चारि।
सूरदास स्वामी के बिछुरे जैसे मीन बिनु बारि।।4।।

राग सोरठ

देखो नंदद्वार रथ ठाढ़ो।
बहुरि सखी सुफलकसुत आयो पर्‍यो सन्देह उर गाढ़ो।।
प्रान हमारे तबहिं गयो लै अब केहि कारन आयो।
जानति हौं अनुमान सखी री! कृपा करन उठि धायो।।
इतने अन्तर आय उपँगसुत तेहि छन दरसन दीन्हों।
तब पहिचानि सखा हरिजू को परम सुचित तन कीन्हो।।
तब परनाम कियो अति रुचि सों और सबहि कर जोरे।।
सुनियत रहे तैसेई देखे परम चतुर मतिभोरे।
तुम्हरो दरसन पाय आपनो जन्म सफल करि जान्यो।
सूर ऊधो सों मिलत भयो सुख ज्यों झख पायो पान्यो।।5।।

कहो कहाँ से आए हौ।
जानति हौं अनुमान मनो तुम जादवनाथ पठाए हौ।।
वैसोइ बरन, बसन पुनि वैसेइ, तन भूषन सजि ल्याए हौ।
सरबसु लै सब संग सिधारे अब का पर पहिराए हौ।।
सुनहु, मधुप! एकै मन सबको सो तो वहाँ लै छाए हौ।
मधुबन को मानिनी मनोहर तहँहि जाहु जहँ भाए हौ।।
अब यह कौन सयानप! ब्रज पर का कारन उठि धाए हौ।
सूर जहाँ लौं स्यामगात हैं जानि भले करि पाए हौ।।6।।

राग धनाश्री

हमसों कहत कौन की बातें?
सुनि ऊधो! हम समुझत नाहीं फिरि पूँछति हैं तातें।।
को नृप भयो कंस किन मार्‍यो को बसुद्यौ सुत आहि?
यहाँ हमारे परम मनोहर जीजतु हैं मुख चाहिए।।
दिनप्रति जात सहज गोचारन गोप सखा लै संग।
वासरगत रजनीमुख आवत करत नयन गति पंग।।
को ब्यापक पूरन अबिनासी, को बिधि बेद अपार?
सूत बृथा बकवाद करत हौ या ब्रज नंदकुमार।।7।।

राग सारंग

तू अलि! कासों कहत बनाय?
बिन समुझे हम फिर बूझति हैं एक बार कहौ गाय।।
किन वै गवन कीन्हों सकटनि चढ़ि सुफलकसुत के संग।
किन वै रजक लुटाइ बिबिध पट पहिरे अपने अंग?
किन हति चाप निदरि गज मार्‍यो किन वै मल्ल मथि जाने?
उग्रसेन बसुदेव देवकी किन वै निगड हठि भाने?
तू काकी है करत प्रसंसा, कौने घोष पठायो?
किन मातुल बधि लयो जगत जस कौन मधुपुरी छायो?
माथे मोरमुकुट बनगुंजा, मुख मुरली धुनि बाजै।
सूरजदास जसोदानंदन गोकुल कह न बिराजैं।।8।।

राग धनाश्री

हम तौ कान्ह केलि की भूखी।
कैसे निरगुन सुनहि तिहारी बिरहिनि बिरह बिदूखी?
कहिए कहा यहौ नहिं जानत काहि जोग है जोग।
पा लागों तुमहीं सो वा पुर बसत बावरे लोग।।
अंजन, अभरन, चीर, चारु बरु नेकु आप तन कीजै।
दण्ड, कमण्डल, भस्म, अधारी जो जुबतिन को दीजै।।
सूर देखि दृढ़ता गोपिन की ऊधो यह व्रत पायो।
कहै 'कृपानिधि हो कृपाल हो! प्रेमै पढ़न पठायो'।।9।।

अँखिया हरि दरसन की भूखी।
कैसे रहैं रूपरसराची ये बतियाँ सुनि रूखी।।
अवधि गनत इकटक मग जोवत तब एती नहिं झूखी।
अब इन जोग सँदेसन ऊधो अति अकुलानी दूखी।।
बारक वह मुख फेरि दिखाओ दुहि पै पिवत पतूखी।
सूर सिकत हठि नाव चलायो ये सरिता हैं सूखी।।10।।

राग सारंग

जाय कही बूझी कुसलात।
जाके ज्ञान न होय सो माने कही तिहारी बात।।
कारो नाम, रूप पुनि कारो, कारे अंग सखा सब गात।
जौ पै भले होत कहुँ कारे तौ कत बदलि सुता लै जात।।
हमको जोग, भोग कुबजा को काके हिये समात?
सूरदास सेए सो पति कै पाले जिन्ह तेहि, पछितात।।11।।

कहाँ लौ कीजै बहुत बड़ाई।
अतिहि अगाध अपार अगोचर मनसा तहाँ न जाई।।
जल बिनु तरँग, भीति बिनु चित्रन, बिन चित ही चतुराई।
अब ब्रज में अनरीति कछू यह ऊधो आनि चलाई।।
रूप न रेख, बदन, बपु जाके, संग न सखा सहाई।
ता निर्गुन सौं प्रीति निरन्तर क्यों नियहै, री माई?
मन चुभि रही माधुरी मूरति रोम रोम अरुझाई।
हौं बलि गई सूर प्रभु ताके जाके स्याम सुखदाई।।12।।

राग मलार

काहे को गोपीनाथ कहावत?
जो पै मधुकर कहत हमारे गोकुल काहे न आवत?
सपने की पहिचानि जानि कै हमहिं कलंक लगावत!
जो पै स्याम कूबरी रीझे सो बिन नाम धरावत?
ज्यों गजराज काज के औसर औरे दसन दिखावत।
कहन सुनन को हम हैं ऊधो सूर अंत बिरमावत।।13।।

अब कत सुरति होति है, राजन?
दिन दस प्रीति करी, स्वारथ हित रहत आपने काजन।।
सबै अयानि भई सुनि मुरली ठगी कपट की छाजन

अब मन भयो सिंधु के खग ज्यों फिरि फिरि सरत जहाजन।।
वह नातो टूटो ता दिन ते सुफलकसुत सँग भाजन।
गोपीनाथ कहाय सूर प्रभु कत मारत हौ लाजन।।14।।

राग सोरठा

लिखि आई ब्रजनाथ की छाप।
बाँधे फिरत सीस पर ऊधो देखत आवै ताप।।
नूतन रीति नंद नंदन की घरघर दीजत थाप।
हरि आगे कुब्जा अधिकारी ताते हैं यह दाप।।
आए कहन जोग अवराधो अबिगत कथा को जाप।
सूर सँदेसो सुनि नहिं लागै कहौ कौन को पाप।।15।।

राग सारंग

फिरि फिरि कहा सिखावत बात?
प्रातकाल उठि देखत, ऊधो, घर घर माखन खात।।
जाकी बात कहत हौ हमसो सो है हमसों दूरि।
ह्याँ है निकट जसोदानंदन प्रान सजीवनमूरि।।
बालक संग लए दधि चोरत खात खवावत डोलत।
सूर सीस सुनि चौंकत नावहिं अब काहे ना मुख बोलत?।।16।।

राग धनाश्री

अपने सगुन गोपालै, माई! यहि बिधि काहे देत?
ऊधो की ये निरगुन बातैं मीठी कैसे लेत।
धर्म, अधर्म कामना सुनावत सुख औ मुक्ति समेत।।
काकी भूख गई मनलाडू सो देखहु चित चेत।
सूर स्याम तजि को भुस फटकै मधुप तिहारे हेत?।।17।।

निरखत अंक स्यामसुंदर के बार बार लावति छाती।
लोचनजल कागद मसि मिलि कै है गइ स्याम स्याम की पाती।।
गोकुल बसत संग गिरिधर के कबहुँ बयारि लगी नहिं ताती।
तब की कथा कहा कहौं, ऊधो, जब हम बेनुनाद सुनि जाती।।
हरि के लाड़ गनति नहिं काहू निसिदिन सुदिन रासरसमाती।
प्राननाथ तुम कब धौं मिलौगे सूरदास प्रभु बालसँघाती।।18।।

राग मारू

मोहिं अलि दुहूँ भाँ फल होत।
तब रसअधर लेति मुरली, अब भई कूबरी सौत।।
तुम जो जोगमत सिखवन आए भस्म चढ़ावन अंग।
इन बिरहिन में कहुँ कोउ देखी सुमन गुहाए मंग?
कानन मुद्रा पहिरि मेखली धरे जटा आधारी।
यहाँ तरल तरिवन कहँ देखें अरु तनसुख की सारी।।
परम बियोगिनि रटति रैन दिन धरि मनमोहन ध्यान।
तुम तो चलो बेगि मधुबन को जहाँ जोग को ज्ञान।।
निसिदिन जीजतु है या ब्रज में देखि मनोहर रूप।
सूर जोग लै घर घर डोलो, लेहु लेहु धरि सूप।।19।।

राग सारंग

बिगल जनि मानौ हमरी बात।
डरपति बचन कठोर कहति, मति बिनु पति यों उठि जात।।
जो कोउ कहत जरे अपने कछु फिरि पाछे पछितात।
जो प्रसाद पावत तुम ऊधो कृस्न नाम लै खात।।
मनु जु तिहारो हरिचरनन तर अचल रहत दिनरात।
'सूरस्याम तें जोग अधिक' केहि कहि आवत यह बात?।।20।।

अपनी सी कठिन करत मन निसिदिन।
कहि कहि कथा, मधुप, समुझावति तदपि न रहत नंद नंदन बिन।।
बरजत श्रवन सँदेस, नयन जल, मुख बतियाँ कछु और चलावत।
बहुत भाँति चित धरत निठुरता सब तजि और यहै जिय आवत।।
कोटि स्वर्ग सम सुख अनुमानत हरि समीप समता नहिं पावत।
थकित सिंधुनौका के खग ज्यों फिरि फिरि फेरि वहै गुन गावत।।
जे बासना न बिदरत अंतर तेइ तेइ अधिक अनूअर दाहत।
सूरदास परिहरि न सकत तन बारक बहुरि मिल्यो है चाहत।।21।।

राग धनाश्री

रहु रे, मधुकर! मधुमतवारे।
कहा करौं निर्गुन लै कै हौं जीवहु कान्ह हमारे।।
लोटत नीच परागपंक में पचत, न आपु सम्हारे।

बारंबार सरक मदिरा की अपरस कहा उधारे।।
तुम जानत हमहूँ वैसी हैं जैसे कुसुम तिहारे।
घरी पहर सबको बिलमावत जेते आवत कारे।।
सुंदरस्याम कमलदललोचन जसुमति नंददुलारे।
सूर स्याम को सर्बस अर्प्यो ऊब कापै हम लेहिं उधारे।।22।।

राग बिलावल

काहे को रोकत मारग सूधो?
सुनहु मधुप! निर्गुनकंटक तें राजपंथ क्यों रूँधो?
कै तुम सिखै पठाए कुब्जा, कै कही स्यामघन जू धौ।
बेद पुरान सुमृति सब ढूँढौ जुवतिन जोग कहूँ धों?
ताको कहा परेखो कीजै जानत छाछ न दूधो।
सूर मूर अकूर गए लै ब्याज निबेरत ऊधो।।23।।

राग मलार

बातन सब कोऊ समुझावै।
जेहि बिधि मिलन मिलैं वै माधव सो बिधि कोउ न बतावै।।
जद्यपि जतन अनेक रची पचि और अनत बिरमावै।
तद्यपि हठी हमारे नयना और न देखे भावै।।
बासर निसा प्रानबल्लभ तजि रसना और न गावै।
सूरदास प्रभु प्रेमहिं लगि करि कहिए जो कहि आवै।।24।।

राग सारंग

निर्गुन कौन देस को वासी?
मधुकर! हँसि समुझाय, सौंह दै बूझति साँच, न हाँसी।।
को है जनक, जननि को कहियत, कौन नारि, को दासी?
कैसो बरन भेस है कैसो केहि रस में अभिलासी।
पावैगो पुनि कियो आपनो जो रे! कहैगो गाँसी।
सुनत मौन ह्वै रह्यो ठग्यो सो दूर सबै मति नासी।।25।।

राग केदारो

नाहिंन रह्यो मन में ठौर।
नंदनंदन अछत कैसे आनिए उर और?
चलत, चितवत, दिवस जागत, सपन सोवत राति।

हृदय ते वह स्याम मूरति छन न इत उत जाति।।
कहत कथा अनेक ऊधो लोकलाभ दिखाय।
कहा करौ तन प्रेम पूरन घट न सिंधु समाय!
स्याम गात सरोज आनन ललित अति मृदु हास।
सूर ऐसे रूप कारन मरत लोचन प्यास।।26।।

राग मलार

ब्रजजन सकल स्याम ब्रतधारी।
बिन गोपाल और नहिं जानत आन कहें ब्यभिचारी।।
जोग मोट सिर बोझ आनि कै कत तुम घोष उतारी?
इतनी दूरि जाहु चलि कासी जहाँ बिकति है प्यारी
यह संदेस नहिं सुनै तिहारो, है मण्डली अनन्य हमारी।
जो रसरीति करी हरि हमसों सो कत जात बिसारी?
महामुक्ति कोऊ नहिं बूझै जदपि पदारथ चारी।
सूरदास स्वामी मनमोहन मूरति की बलिहारी।।27।।

राग धनाश्री

कहति कहा ऊधो सों बौरी।
जाको सुनत रहे हरि के ढिग स्यामसखा यह सो री।
हमको जोग सिखावन आयो, यह तेरे मन आवत?
कहा कहत री! मैं पत्यात री नहीं सुनी कहनावत।
करनी भली भलेई जानैं, कपट कुटिल की खानि।
हरि को सखा नहीं री माई! यह मन निसचय जानि।।
कहाँ रासरस कहाँ जोग जप? इतनो अन्तर भाखत।
सूर सबै तुम कत भइँ बौरी याकी पति जो राखत।।28।।

राग रामकली

ऐसेई जन दूत कहावत।
मोको एक अचंभो आवत यामें ये कह पावत?
बचन कठोर कहत, कहि दाहत, अपनी महत गँवावत।
ऐसी परकृति परति छाँह की जुवतिन ज्ञान बुझावत।।
आपुन निलज रहत नखसिख लौं एते पर पुनि गावत।
सूर करत परसंसा अपनी, हारेहु जीति कहावत।।29।।

मीराँबाई

मीराँबाई सगुण वैष्णव एवं कवयित्री के रूप में अद्यावधि साहित्यिक, धार्मिक तथा ऐतिहासिक जगत में अत्यन्त प्रसिद्ध रही हैं। विश्वविख्यात वैष्णव भक्तात्मा मीराँबाई के भक्ति उद्बोधनों को पदावली, भजनावली, हरिजस, वाणी, गीति काव्य आदि विविध नामों से प्रचारित किया गया है। मीराँबाई ने अपने प्रभु 'गिरधर नागर' के प्रति अन्तरमन के भक्ति भावों को तत्कालीन लोकभाषा राजस्थानी में अभिव्यक्त किया है। मीराँ के साँवरिया गिरधर के प्रति व्यक्त अनन्य अनुभूति विविध रूपों एवं ग्रन्थों में लिपिबद्ध है। इन समस्त रूपों में मीराँ पदावली का स्वरूप ही सर्वाधिक लोकप्रिय हुआ। मेढ़ंतणी मीराँबाई के पदों, हरिजसों, भजनों अथवा वाणी के मौखिक तथा लिखित रूप उपलब्ध होते हैं। मीराँबाई के लिखित पदों को अधिक प्रामाणिक माना जाता है, क्योंकि उनका समय, स्थान, भाषा एवं स्वरूप निश्चित किया जा सकता है, जबकि लोक प्रचलित मौखिक परम्परा में प्राप्त पदों को प्रामाणिक सिद्ध कर पाना कठिन है।

मीराँबाई का जन्म लगभग संवत् 1560 में चौकड़ी नामक गाँव राजस्थान में हुआ। इनका परिवार ठाकुर वंश का था। राठौड़ों की मेढ़तियाँ शाखा के प्रवर्तक राव दूदा की पोती तथा रत्न सिंह की बेटी मीराँ का झुकाव बचपन में ही कृष्ण भक्ति की ओर हो गया था। बचपन में ही मीराँ के माता-पिता का देहान्त हो गया। उनका पालन-पोषण इनके दादा ने किया। राणा साँगा की पुत्रवधू और राजा भोजराज की दुल्हन बनकर वह चित्तौड़ पहुँचीं। पति सुख मीराँ के भाग्य में नहीं था। शीघ्र ही उनके पति भोज का देहान्त हो गया। इसके चार वर्ष पश्चात् उनके पिता का भी देहान्त हो गया। इन्हीं विपत्तियों ने मीराँ की जीवन धारा को मोड़ दिया और मीराँ सदा के लिए कृष्णमय हो गईं। भगवद् भक्ति और साधु संगति में रहने के कारण पारिवारिक विरोध का सामना साहसपूर्वक किया। उनके देवर विक्रम ठाकुर ने तरह-तरह से मीराँबाई को सताया। भौजाई और ननदों ने उन्हें रोकने का भरसक प्रयत्न किया।

लोकलाज और कुल मर्यादा की याद दिलाई परन्तु कृष्ण प्रेम के तूफान में ये सांसारिक बन्धन तिनकों की तरह बह गए।

मीराँबाई भक्तिकाल की सगुण काव्य धारा में कृष्ण शाखा की उपासक रहीं। इन्होंने अपना जीवन कृष्ण भगवान की सेवा में अर्पित कर दिया। मीराँबाई तुलसीदास के समय में हुई थीं। जब मीराँबाई के परिवारजन तरह-तरह की यातनाएँ दे रहे थे, तब मीराँ ने तुलसीदास के पास सन्देश भिजवाया कि वह क्या करें। तुलसी ने मीराँ को यह सन्देश भेजा–

जाके प्रिय न राम वैदेही
तजिए ताहि कोटि वैरी सम, यद्यपि परम स्नेही

इस सन्देश को पढ़कर मीराँ प्रभावित हुईं और राजपाट त्याग कर वृन्दावन चली गई थीं। वहाँ पर भगवान कृष्ण की सेवा में ही उनका सारा जीवन बीता। मीराँ की अनेक रचनाएँ मानी जाती हैं। इनमें मुख्य रूप से नरसी जी रो माहरों, गीत गोविन्द की टीका, मीराँबाई मलार, गरवा गीत तथा स्फुट पद मुख्य हैं। मीराँ के पदों को संभवतः उनकी मृत्यु के पश्चात् संकलित किया है, यही कारण है कि उनकी पदावली के अनेक रूप हैं तथा भाषा में भी पर्याप्त अन्तर है। मीराँ ने मुक्तक पदों का सृजन किया है। ये पद राजस्थानी, ब्रज और गुजराती भाषा में हैं। इन पदों को मीराँ पदावली में संकलित किया गया है। बल्लभ सम्प्रदाय के भक्तों ने मीराँ को पुष्टि मार्ग में दीक्षित करने का प्रयास भी किया परन्तु सफल नहीं हुए। वियोगी हरि के अनुसार मीराँ ने चैतन्य सम्प्रदाय के प्रतिनिधि श्री जीव गोस्वामी से दीक्षा ली थी। मीराँ की पदावली में गुरु के रूप में सन्त रैदास का स्मरण बार-बार श्रद्धा पूर्वक किया गया है। शायद मीराँ रैदास की शिष्या थीं या उनसे प्रभावित रही–

गुरु मिलिया रैदास जी, दीन्ही ग्यान की गुटकी।
चोट लगी निज हरि की, म्हारे हिवड़े खटकी।

मीराँ की भक्ति माधुर्य भाव की भक्ति है। माधुर्य भाव में भक्त भगवान के साथ तरह-तरह के सम्बन्ध जोड़ता है। वह भगवान को पति, पत्नी, मित्र, स्वामी मानता है। मीराँ ने भगवान कृष्ण को अपना पति माना है। कान्ता भाव से माधुर्य भक्ति को अपनाने वाली मीराँ भाव विभोर होकर गाती हैं–

मेरे तो गिरिधर गोपाल, दूसरो न कोई
जाके सिर मोर मुकुट, मेरो पति सोई

मीराँ की नजरों में लौकिक सम्बन्ध और लौकिक पति का कोई महत्व नहीं है। वह स्पष्ट कहती हैं–

मेरी उणकी प्रीत पुराणी, उण विनि पल न रहांऊ। तथा,
पूरव जनम की प्रीत हमारी, अब नहीं जात निवारी।

मीराँ कहती हैं कि वह तो गोपियों की अवतार हैं, जो हर जन्म में भगवान कृष्ण का इन्तजार करती हैं–

स्याम बिना जियड़ो मुरझावै जैसे जल बिन बेली
मीराँ के प्रभु दरसन दीज्यौ जन्म जन्म की चेली

मीराँ के पदों में भगवान कृष्ण का रूप वर्णन हुआ है। मीराँ भगवान कृष्ण को इस संसार का सुन्दर रूप मानती हैं। भगवान का रूप देखकर अपना सब कुछ भूलकर उसमें मग्न हो गईं–

मोर मुकुट पीताम्बर सोहे, गल वैजन्ती माला
वृन्दावन में धेनु चरावै, मोहन मुरली वाला
साँवरों नन्द नन्दन, दीठ पंड्या माई
डार्‌यो सब लोक लाज, सुध-बुध बिसराई

मीरा के पदों में भगवान कृष्ण के न मिलने की पीड़ा और दर्द ही प्रमुख है। इस कारण मीराँ को पीड़ा और दर्द की कवयित्री माना गया है। वह कहती हैं कि प्रेम की इस पीड़ा को वही समझ सकता है, जिसने कभी प्रेम किया हो–

लागी सोही जानै, कठन लगण दो पीर

मीराँ तो भगवान कृष्ण के प्रेम में पागल हो गई हैं–

ऐ री मैं तो प्रेम दीवानी
मेरा दर्द न जाने कोय

मीराँ भगवान रूपी प्रियतम के दर्शन पाने के लिए निरन्तर तड़पती रहती हैं। वह भगवान से कहती हैं मुझे दर्शन दो या मौत–

या विरहिन मौत दे या आपा दिखलाइ
आठ पहर का दाझना मौ पै सहा न जाइ

मीराँ कहती हैं कि वह तो भगवान की सेवक हैं। मैंने सारा जीवन स्वामी के चरणों में सौंप दिया है–

चाकरी में दरसन पाऊँ, सुमरिन पाऊँ खरची
भाव भगत जागिरी पाऊँ, तीनों बाता सरती।

मीराँ का प्रणय निवेदन अत्यन्त मार्मिक है। मीराँ की पदावली के गीतों में विरह वेदना स्वतः ही फूट पड़ी है। मीराँ के काव्य में भावुकता, वैयक्तिकता, संगीतात्मकता, संक्षिप्तता आदि के गुण सहज ही आ गए हैं। मीराँ ने मुक्तक शैली में रचनाएँ रची हैं। इन्होंने राजपूतानी (राजस्थानी), ब्रज और गुजराती भाषा का प्रयोग किया है।

मीराँ एक ऐसी नारी का आदर्श प्रस्तुत करती हैं जो पारिवारिक रूढ़ियों और सामाजिक सीमाओं का उच्छेदन करते हुए एक अद्भुत शक्तिशालिनी विद्रोहिणी का रूप धारण करती है। मीराँ अपने साँवरिया के सम्मुख अत्यन्त दीन एवं लज्जाशील हैं। मीराँ अपने अन्तिम समय में द्वारिका चली गई थीं। वहीं रणछोड़ दास जी के मंदिर में उन्होंने संवत् 1630 में अपना शरीर त्याग दिया। इस प्रकार भगवान श्रीकृष्ण की सेवा में ही उनका पूरा जीवन बीता और श्रीकृष्ण में ही वह समा गया।

मीराँ पदावली

अखियाँ तरसे दरसण प्यासी।
मग जोताँ दिन बीते सजनी, रेण दुःख रासी।
डाली बैठी कोयल बोली, बोलसुण्या उदासी।
कड़वा बोल लोक जग बोल्या, करसी म्हारी हाँसी।
मीराँ हरि रे हाथ बिकाणी, जनम जनम री दासी।। 1।।

अब निभायाँ सरसी, बाँह गह्या री लाज।
असरण सरण कर्‌या गिरधारी, पतित उबारण काज।
भव सागर मझधर आधाराँ, आप बिन घणो अकाज।
जुग जुग भीर हरि भगताँ री, दीन्यो मोक्ष निवाज।
मीराँ सरण पड़ी चरणाँ री, लाज राखो महाराज।।2।।

म्हें सुरणी हरी आवा री, आवा री मन भावा री।
हरि न आवे गैल बतावे, बाण पड़ी ललचावा री।
नेणा म्हारो कह्यो न माने, नीर झरे निस वासर री।
काँई करूँ ना बस म्हारो, ना पंखी म्हारे उड़ावा री।
मीराँ रा प्रभु गिरधर नागर, बाट जोवाँ रावरे आवा री।।3।।

आली म्हाने लागे वृन्दावन नीको।
घर-घर तुलसीं ठाकुर पूजा, दरसण गोविन्दजी को।
निरमल नीर बेवे जमना रो, भोजन दूध दही को।
रतन सिंघासन आप विराज्या, मुगट धर्‌यो तुलसी को।
कुंज कुंज फिरूँ साँवरा, सबद सुणूँ मुरली को।
मीराँ रा प्रभु गिरधर नागर, भजन बिना नर फीको।।4।।

आवो मोहनाजी जोवाँ राज री बाट।
खांन पांन म्हाने नेक न भावे, नेणाँ खुल्या कपाट।

आप आयाँ बिन सुख ना म्हारे, हिवड़े घणी उचाट।
मीराँ आप बिन भई बावरी, छाडो ना निराट।।5।।

कमल दल लोचना, आप नाथ्यो कालो भुजंग।
कालिन्द दह नाग नाथ्यो, फण फण नरत करत।
कूद्या जल माँही ना डरिया, आप एक बाहु अनंत।
मीराँ रा प्रभु गिरधर नागर, ब्रज बनिता रा कंत।।6।।

काँई म्हारो जनम बारम्बार।
पुरबला काँई पुन्न खूट्याँ, पल पल जात न लागे बार।
बढ़्या छिण छिण, घट्या पल पल जात न लागे बार।
बिरछ रा ज्यूँ पात टूट्याँ, लाग्या ना फैरूँ डार।
भो समन्द अपार देख्यो, अगम ओखी धार।
दासी मीराँ लाल गिरधर, बेग करज्यो पार।।7।।

कोई चावै ज्यूँ केवे, मन लागो।
इसी प्रीत लागी मनमोहन सूँ, ज्यूँ सोना में सुहागो।
जनम जनम रो सोयो मनुवो, सतगुरु सबद गुण जागो।
मात पिता सुत कुटुम कबीलो, हट्या ज्यूँ धागो।
मीराँ रा प्रभु गिरधर नागर, भाग म्हारो जागो।।8।।

गली तो चारुँ बन्द हुई, म्हें हरि सूँ किण विध मिलूँ जाय।
ऊँची नीची राह रपटीली, पाँव नहीं ठहराय।
सोच सोच पग धरूँ जतन सूं, बार बार डिग जाय।
ऊँचा नीचा महल पिया रा म्हासूं सूं चढ्यो ना जाय।
पिया दूर पन्थ म्हारो झींणो, सूरत झकोला खाय।
मीराँ रा प्रभु गिरधर नागर सतगुरु दियो बताय।।9।।

गिरधारी सरणाँ रावली आई, राखो किरपा निधान।
अजामल अपराध तार्‍या, तार्‍या नीच सदान।
डूबतो गजराज राख्यो, गणिका चढ़ी विमान।
और अधम हुताँ सै तार्‍या, भाख़े संत सुजान।
भीलणी कुबजा तारी, गिरधर! जाणे सकल जहान।
विरद बखाणूँ गिणती नाँ जाणूँ, थाका वेद पुराण।
मीराँ रा प्रभु! सरण रावरी, विनती दीज्यो कान।।10।।

पायोजी म्हें तो स्याम रतन धन पायो।
बसतु अमोलक दी म्हारे सतगरु, किरपा कर अपणायो।
जनम जनम री पूँजी पाई, जग में सो खोवायो।
खरचे नहीं खूटे, कोई चोर न लूटे, दिन दिन बढ़त सवायो।
संत री नाव खेवटिया सतगरु, भव सागर तर आयो।
मीराँ रा प्रभु गिरधर नागर, हरख हरख जस गायो।।11।।

पिया रावरे नाम लुभाणी जी।
नाम लेताँ तिरतां सुण्याँ, जग पाहन पाणी जी।
कीरत काँई ना किया घणा, करम कुमाणी जी।
गणिका कीर पठावताँ, बैकुण्ठ बसाणी जी।
अरध नाम कुंजर लियो, दुःख अवध घटाणी जी।
गरुड़ छोड़ पग धाइया, पसु जूण मिटाणी जी।
अजामल अधम ऊभरे, जम त्रास नसाणी जी।
पूत नाम जस गाइयाँ, जग सारा जाणी जी।
सरणागत आप वर दिया, परतीत पिछाणी जी।
मीराँ दासी रावली, अपणी कर जाणी जी।।12।।

पिया म्हारे नैणा आगे रहीज्यो जी।
नेणाँ आगे रहीज्यो, म्हारे भूल मत जाज्यो जी।
भोसागर में डूबत जावाँ, स्याम वेग सुध लीज्यो जी।
राणांजी भेज्या विसरा प्याला, आप इमरत कर दीज्यो जी।
मीराँ रा प्रभु गिरधर नागर, मिल बिछुड़न मत कीज्यो जी।।13।।

पिया बिन सूनो छै म्हारो देस।
इस्यो ना कोई पीव मिलावे, तन मन वाराँ असेस।
रावरे कारण बन-बन डोलूँ, लियाँ जोगण रो भेष।
बीत्या चोमासा, मासां बीत्या, पण्डर हुआ म्हारा केस।
मीराँ रा प्रभु कदरे मिलोला, तज दियो नगर नरेस।।14।।

म्हाँन दरसण दीज्यो आय, आप बिन रह्यो न जाय।
जल बिन कँवल चँद बिना रजनी आप बिन जीयो न जाय।
आकुल व्याकुल रैण बिहावाँ, बिरह कलेजो खाय।
दिवस न भूख, नींद ना रेणां मुख सूं कह्यो न जाय।
कुण सुणे किणसूं केवूं री, मिल पिय तपण बुझाय।

क्यूँ तरसावो अन्तरजामी, आय मिलो दुःख जाय।
मीराँ दासी जनम जनम री, रावलो नेह लगाय।।15।।

प्रभुजी आप कठे गया, नेहड़ो लगाय।
छोड्या म्हाँ विसवास संगाती, प्रीत री वाती जलाय।
बिरह समंद में छोड़ गया छो, नेह री नाव चलाय।
मीराँ रा प्रभु कबरे मिलोला, आप बिन रह्यो न जाय।।16।।

मीराँ लागो रंग हरि ओर न रंग अटक परी।
चूड़ो म्हारे तिलक अरु माला, सील बरत सिणगारो।
और सिणगार म्हारे दाय न आवे यो गरु ग्यान म्हारो।
कोई निन्दो कोई बिन्दों म्हें तो गुण गोविन्द रा गास्याँ।
जिण मारण म्हाराँ साध पधारे उण, मारग म्हें जास्याँ।
चोरी न करस्याँ जीव न सतास्याँ काँई करसी म्हारो कोई।
गज सूं उतर खर नहीं चढस्याँ, आ तो बात न होई।।17।।

मुरलिया बाजे जमना तीर।
मुरली म्हारो मन हर लीन्हो, चित धरे ना धीर।
स्याम कन्हैया स्याम कमरिया, स्याम ही जमना रो नीर।
धुन मुरली सुण सुध बुध बिसरी, जर जर म्हारो सरीर।
मीराँ रा प्रभु गिरधर नागर बेगी हरो म्हारी पीर।।18।।

म्हाँ गिरधर आगे नाचाँ री।
नाच नाच म्हाँ रसिक रिझावाँ, प्रीत पुरातन जाँचाँ री।
स्याम प्रीत री बाँध घुंघरिया, मोहन आगे नाँचाँ री।
लोक लाज कुल री मरजादा जग माँ, नेक ना राखाँ री।
प्रीतम पल छिन ना विसरावाँ, मीराँ हरि रंग राची री।।19।।

म्हाने क्यों तरसावो।
रावरे कारण कुल जग छोडया, अब आप क्यूँ बिसरावो।
विरह विथा लागी उर भीतर आप आय बुझावो।
अब छोड़या ना बणे मुरारी, सरण गह्या बलि जावां।
मीराँ जनम जनम री दासी, जग माँ प्रीत निभावां।।20।।

म्हारे घर होता जाज्यो महाराज।
नेण बिछावूँ हिवड़ो डारूँ सिर पर राखूँ बिराज।

पांवणाँ म्हाँरे भाग सवारण, जगत उधारण काज।
संकट मेटो भगत जणाँ, रो, राखो पुन्न री पाज।
मीराँ रा प्रभु गिरधर नागर, बाह गह्याँ री लाज।।21।।

म्हारे घर आज्यो प्रीतम प्यारा, आप बिन सब जग खारा।
तन मन धन सब भेट धरूँली, भजन करूँली राव रा।
आप गुणवन्त बड़े गुणसागर, मो में ओगण सारा।
मैं निरगुणी गुण एको नाँहि, आप हो बगसण वारा।
मीराँ कहे प्रभु कब रे मिलोला, बिन दरसण दुखियारा।।22।।

म्हारे लगन सिरी चरणाँ री।
स्याम बिना म्हाँने कीं ना भावे, जग माया या सुपनाँ री।
भोसागर जगभया कुल बन्धन, डार दिया हरि चरणाँ री।
मीराँ रा प्रभु गिरधर नागर, आस गह्याँ रावरो री सरणाँ री।।23।।

म्हारे गोकुल रा ब्रजवासी।
ब्रज लीला लख जन सुख पावै, ब्रज वनिता सुख रासी।
नाचाँ गावाँ ताल गजावाँ, पावाँ आनन्द हाँसी।
नन्द जसोदा रे पुन्न सूं प्रगट्या प्रभु अविनासी।
पीताम्बर कटि उर वैजन्ती, कर सोहे री बाँसी।
मीराँ रा प्रभु गिरधर नागर, दरसण दीज्यो दासी।।24।।

म्हारो परणाम बाँके बिहारी जी!
मोर मुगट भाल तिलक बिराजे, कुण्डल अलकाँ कारी जी।
अधर मधुर धर बंसी बजावे, रीझ रिझावे ब्रज नारी जी।
या छब देख्याँ मोही मीराँ, मोहन गिरवर धारी जी।।25।।

म्हारो मन हर लीनो रणछोड़।
मोर मुगट सिर छत्र बिराजे, कुण्डल री छबी ओर।
चरण पखार्‌याँ रतनाकर री धारा, गोमती जोर।
ध्वजा पताका तट तट राजे, झालर री झकजोर।
भगत जणा रा काज संवार्‌या म्हारा प्रभु रणछोड़।
मीराँ रा प्रभु गिरधर नागर, कर गह्याँ नन्द किसोर।।26।।

हरि बिन क्यूँ जीवाँ री माय।
स्याम बिना बोली हुई, मन काठ ज्यूँ घुण खाय।
मूल ओखद ना लागी, म्हाने प्रेम पीड़ा खाय।
मीन जल बिछूड़्यां ना जीवे, तड़फ तड़फ मर जाय।
ढूँढ़ता बन स्याम डोलाँ, मुरलियाँ धुन पाय।
मीराँ रा प्रभु लाल गिरधर, बेग मिलेज्यो आया।।27।।

हरि म्हारा जीवण प्राण आधार।
ओर आसरो ना म्हारे आप बिन तीनू लोक मँझार।
आप बिन म्हाँने जग ना सुहावे, निरख्यो सो संसार।
मीराँ रा प्रभु! दासी रावली, लीज्यो नेक निहार।।28।।

होली पिया बिन म्हाँने ना भावे घर आँगण न सुहावे।
दीपाँ जोवाँ चोक पुरावाँ हेली, पिया परदेस सजावे।
सूनी सेजाँ ब्याल बुझावाँ, जागाँ रेण बितावाँ।
नींद नेणाँ ना आवे।
कद री डाड़ी म्हाँ मग जोवाँ, निस दिन विरह जगावाँ।
किण सूं मनरी बिथाँ बतायाँ, हिवड़ो म्हाँ अकुलावाँ।
पिया कद दरस दिखावे।
दिख्या ना कोई परम सनेही, म्हारो सनेसो लावे।
वा विरियाँ कद होसी, म्हाने हँस पिय कण्ठ लगावे।
मीराँ हालली गावे।।29।।

सखी म्हारो कानूड़ो कलेजे री कोर।
मोर मुकुट पीताम्बर सोहे, कुण्डल री झकजोर।
वृन्दावन री कुंज गली में नाचत नन्द किशोर।
मीराँ रा प्रभु गिरधर नागर, चरण कमल चित चोर।।30।।

रसखान

हिन्दी कृष्ण काव्य धारा में रसखान का योगदान गुणात्मक एवं विशिष्ट है। इनका कृष्ण प्रेम धर्म और सम्प्रदाय की सीमा से परे है। रसखान सच्चे अर्थ में भारतीय संस्कृति के प्रतिनिधि हैं। रसखान प्रेम को एक ऐसा दर्पण मानते हैं, जिसमें अहंकार या कोई भी निजता अनमेल हो जाती है। जब दो शरीर एक हो जाएँ तो कवि सच्चा प्रेम मानते हैं। दो शरीर एक होने का अर्थ यह है कि अपना शरीर अपना न रह जाए, वह श्रीकृष्ण का शरीर हो जाए और श्रीकृष्ण का शरीर श्रीकृष्ण का शरीर न रह जाए वह अपना शरीर हो जाए–

दो मन इक होते सुन्यो पै वह प्रेम न आहि।
हाइ जबै द्वै तनहु इक सोई प्रेम कहाइ।।

प्रेम पन्थ के धीर पथिक, मध्ययुगीन कृष्ण भक्त कवियों में अग्रगण्य सैयद इब्राहिम 'रसखान' का जीवन वृत्त अन्यान्य किंवदन्तियों, जन श्रुतियों से तमसाच्छादित है। रसखान के जीवन की घटनाओं को प्रकाशित करने वाले बाह्य साक्ष्य के रूप में वार्त्ता साहित्य, इतिहास ग्रन्थ और आलोचनात्मक प्रबन्ध शामिल हैं। अन्तःसाक्ष्य के अन्तर्गत सुजान रसखान, प्रेम वाटिका आदि रचनाओं में उनके स्व विषयक कथन हैं।

दो सौ बावन वैष्णवन की वार्त्ता के अनुसार रसखान दिल्ली में निवास करते थे और उनकी प्रीति एक साहूकार के पुत्र से थी। उनकी यह आसक्ति वैष्णव भक्तों के प्रोत्साहन से कृष्ण भक्ति में परिवर्तित हो गई। वैष्णवों द्वारा प्रदत्त कृष्ण चित्र लिये ये दिल्ली से ब्रज प्रदेश पहुँचे। कृष्ण के मन मोहक रूप से प्रभावित होकर सैयद इब्राहिम जैसा पठान कृष्ण भक्त रसखान बन गया। वार्त्ता साहित्य के आधार पर रसखान की जाति मुसलमान, निवासी दिल्ली, वैष्णव सम्प्रदाय में दीक्षा काल संवत् 1460 वि. तथा जन्म मृत्यु काल क्रमशः संवत् 1615 तथा संवत् 1685 वि. माना

गया है। रसखान के जन्म स्थान से दिल्ली और पिहानी (जिला हरदोई उत्तर प्रदेश) को अधिक जोड़ा गया है। शिव सिंह सरोज, हिन्दी साहित्य का प्रथम इतिहास आदि ग्रन्थों से प्रमाणित होता है कि रसखान पिहानी जिला हरदोई (उत्तर प्रदेश) में जन्मे थे। ऐतिहासिक तथ्य यह भी है कि जिला हरदोई सैयदों की बस्ती है। वस्तुतः रसखान का असली नाम सैयद इब्राहिम था और रसखान उनका उपनाम। खान उनकी परम्परागत उपाधि है। इनका बचपन सुख-सुविधा में बीता। हिन्दी और संस्कृत का इन्हें यथेष्ट ज्ञान था। ये फारसी के भी जानकार रहे।

रसखान स्वछन्द भाव धारा के कवि हैं। प्रेम उनके जीवन का सार है, लौकिक हो अथवा अलौकिक। जिस लौकिक प्रेम से वे अपने यौवन काल में पराभूत रहे, उसका परिष्कार हुआ, उदात्तीकरण हुआ और वही राधाकृष्ण प्रेम में परिवर्तित हो गया। यही कारण है कि उनकी भक्ति मूलतः माधुर्य भाव की है। ऐसे मधुरा भक्तों की काव्य धारा प्रबन्धत्व से परे होती है। दिव्य प्रेमाशक्ति से आप्लावित हृदय और वाणी से जो फूट पड़ा काव्य बन गया। सुजान-रसखान, प्रेमवाटिका और दान लीला इनकी प्रमुख रचनाएँ हैं। सुजान-रसखान सम्बन्धी सर्वाधिक पद पण्डित विश्वनाथ प्रसाद मिश्र की रसखान ग्रन्थावली में 214 पद मिलते हैं। प्रेमवाटिका में 53 दोहे प्रस्तुत हैं। दान लीला में 11 कवित्त सवैया संगृहीत हैं। यह लघु रचना राधाकृष्ण अथवा गोपी-कृष्ण संवाद के रूप में मिलती है। रसखान की इन रचनाओं के अतिरिक्त कुछ स्फुट पद भी मिलते हैं।

रसखान के काव्य में कृष्ण की बाल-लीला, रूप-माधुरी, प्रेम लीला, मुरली प्रभाव, कालिया दमन, चीर हरण, प्रेमासक्ति, वियोग वर्णन, उद्धव उपदेश, ब्रज प्रेम, गंगा प्रेम आदि मुख्य विषय हैं। समग्र रूप में इनके काव्य का मूल स्वर भक्ति का है। वृन्दावन से उनका अगाध प्रेम रहा है–

मानुष हौं, तो वही रसखान बसौं ब्रज गोकुल गाँव की ग्वारन।
जो पशु हौं, तौ कहा बस मेरौ, चरूँ नित नन्द की धेनु मंझारन।।
पाहन हौं, तौ वही गिरि को जो धर्‌यौ हरि छत्र पुरन्दर धारन।
जो खग हौं तौ बसेरो करौं मिलि कालिंदी कूल कदंब की डारन।।

रसखान को वृन्दावन कृष्ण के कारण प्रिय है। कृष्ण की बाल चेष्टाओं पर मुग्ध रसखान कहते हैं–

धूर भरे अतिशोभित स्याभजू तैसी बनी सिर सुन्दर चोटी।
खेलत खात फिरैं अँगना पग पैंजनी बाजति, पीरी कछोटी।।

गोपियों का कृष्ण प्रेम रसखान ने मनोयोग पूर्ण ढंग से किया है। गोपिका कृष्ण

का पूरा रूप धारण करने को तैयार है, किन्तु कृष्ण की प्रिय बाँसुरी को अपने ओठों से लगाने को तैयार नहीं है–

भावतो मेरो वही रसखानि सौं तेरे कह सब स्वांग करौंगी।
या मुरली मुरलीधर की अधरान धरी अधरा न धरौंगी।।

रसखान के साहित्य की भाषा शुद्ध साहित्यिक ब्रज भाषा है। भाषा में माधुर्य, सहजता एवं संगीतात्मकता के गुण हैं। इनकी भाषा में अलंकार सहज ही आ गये हैं। रसखान ने कवित्त और सवैयों का प्रयोग किया है। इनके कवित्त सवैयों में सरसता, सहजता एवं आडम्बरहीनता दिखाई पड़ती है। रसखान ने अपने काव्य में मुहावरों और लोकोक्तियों का सहज एवं सजीव प्रयोग किया है। हिन्दी के आलोचक रामचन्द्र शुक्ल का रसखान की भाषा के विषय में कहना है कि रसखान की भाषा बहुत चलती, सरस और शब्दाडम्बर मुक्त होती थी। शुद्ध ब्रज भाषा का जो चलतापन और सफाई रसखान और घनानन्द की रचनाओं में है, वह अन्यत्र दुर्लभ है।

सुजान-रसखान

बाँकी बिलोकनि रंग भरी रसखानि खरी मुसकानि सुहाई।
बोलत बैन अमीनिधि चैन महारस ऐन सुने सुखदाई।।
सजनी बन में पुर बीथिन में पिय गोहन लागो फिरै मोरि माई।
बाँसुरी टेर सुनाइ अली अपनाइ लई ब्रजराज कन्हाई।।1।।

देखन कों सखी नैन भए न सने तन आवत गाइन पाछैं।
कान भए इन बातन के सुनिबे कों अमीनिधि बोलन आछैं।।
पै सजनी न सम्हारि परै वह बाँकी बिलोकन कोर कटाछैं।
भूलि गयो न हियो मेरी आली जहाँ पिय खेलत काछिनी काछैं।।2।।

खंजन नैन फँसे पिंजरा छबि नाहि रहै थिर कैसहूँ माई।
छूटि गई कुलकानि सखी रसखानि लखी मुसिकानि सुहाई।।
चित्र कढ़े से रहैं मेरे नैन न बैन कढ़ै मुख दीनी दुहाई।
कैसी करौं जिन जाव अली सब बोलि उठैं यह बावरी आई।।3।।

उनहीं के सनेहन सानी रहैं उनहीं के जु नेह दिवानी रहैं।
उनहीं की सुनै न औ बैन त्यों सैन सों चैन अनेकन ठानी रहैं।।
उनहीं सँग डोलन में रसखानि सबै सुख सिंधु अघानी रहैं।
उनहीं बिन ज्यों जलहीन ह्वै मीन सी आँखि मेरी अँसुवानी रहैं।।4।।

शंकर से सुर जाहि भजैं चतुरानन ध्यान में धर्म बढ़ावैं।
नेक हिये में जो आवतही महाजड़ मूढ़ रसखान कहावैं।।
जा पर सुन्दर देवबधू नहिं बारत प्रान अबार लगावैं।
ताहि अहीर की छोहरियाँ छछिया भरि छाछ पै नाच नचावैं।।5।।

दोउ कानन कुण्डल मोरपखा सिर सोहै दुकूल नयो चटको।
मनिहार गरे सुकुमार धरे नट भेस अरे पिय को टटको।।
सुभ काछनी बैजनी पैंजनी पामन आमन मै न लगै झटको।
वह सुन्दर को रसखानि अली जु गलीन मैं आइ अबै अँटको।।6।।

बंक बिलोकनि है दुखमोचन दीरघ लोचन रंग भरे हैं।
घूमत बारुनी पान किये जिमि झूमत आनत रंग ढरे हैं।।
गंडनि पै किलकै छबि कुण्डल नागरि नैन बिलोकि अरे हैं।
रसखानि हरैं ब्रजबालनि कों मन ईषत हाँसि के पानि परे हैं।।7।।

अति लोक की लाज समूह मै घेरिकै राखि थकी भव संकट सों।
पल मैं कुलकानि की मेड़नकी नहि रोकी रुकी पल के पट सों।।
रसखानि सों केतो उचाटि रही उचटी न सँकोच की औचट सों।
अलि कोटि कियो हटकी न रही अँटकी अँखिया लटकी लट सों।।8।।

आजु सखी नंदनन्दन री तकि ठाढ़ो है कुंजनि की परछाहीं।
नैन बिसाल की जोहन को सर बेधि गयो हियरा जिय माहीं।।
घाइल घूमि खुमार गिरी रसखानि सँम्हारत अंगन नाहीं।
तापर वा मुसिकानि की डौड़ी बजी ब्रज मैं अबला कित जाहीं।।9।।

जा दिन तें वह नन्द को छोहरो या बन धेनु चराइ गयो है।
मीठिहीताननि गोधन गावत बैन बजाइ रिझाइ गयो है।।
वा दिन सों कछु टोना सों कै रसखानि हिये मैं समाइ गयो है।
कोउ न काहु को कानि करै सिगरो ब्रज बीर बिकाइ गयो है।।10।।

रंग भर्‍यो मुसकात लला निकस्यो कल कुंजनि तें सुखदाई।
मैं, तबहीं निकसी घरतें तकि नैन बिसाल की चोट चलाई।।
रसखानि सो घूमि गिरी धरती हरिनी जिमि बान लगे गिरि जाई।
टूटि गयो घर को सब बन्धन छूटिगो आरज लाज बड़ाई।।11।।

कवित्त

गोरज बिराजै भाल लहलही बनमाल
आगे गैया पाछे ग्वाल गावै मृदु तान री।
तैसी धुनि बाँसुरी मधुर मधुर तैसी
बंक चितवनि मन्द मन्द मुसकानि री।।
कदम विटप के निकट तटनी के आव
अटा चढ़ि चाहि पीतपट फहरानि री।
रस बरसावै तन तपन बुझावै नैन
प्राननि रिझावै वह आवै रसखानि री।।12।।

सवैया

वह गोधन गावत मैं जबतें इहि मारग ह्वै निकस्यौ।
तब तें कुलकानि कितीक करौ यह पापी हियो हुलस्यो हुलस्यो।।
अब तौ जु भई सु भई नहि होत है लोग अजान हँस्यो सु हँस्यो।
कोउ पीर न जानत जानत सो तिनके हिय मैं रसखानि बस्यो।।13।।

आजुरी नंदलला निकस्यो तुलसी बन तें बन कें मुसकातो।
देखे बनै न बनै कहते अब सो सुख जो मुख मैं न समातो।।
हौं रसखानि बिलोकिवे को कुलकानि कों काज कियो हिय हातो।
आइ गई अलबेली अचानक ए भटू लाज कों काज कहातो।।14।।

ए सजनी वह नंद को साँवरो या बन धेनु चराइ गयो हैं।
मोहिनीताननि गोधन गाइ कै बेनु बजाइ रिझाइ गयो है।।
ताही घरी कछु टोना सो कै रसखानि हिए में समाइ गयो है।
कोऊ न काहू की बात सुनै सिगरो ब्रज बीर बिकाइ गयो है।।15।।

मेरी सुनो मति आइ अली उहाँ जौनी गली हरि गावत है।
हरि लैहैं बिलोकत प्रानन कों पुनि गाढ़ परै घर आवत है।।
उन तान की तान तनी ब्रज मैं रसखान सयान सिखावत है।
तकि पाय धरो रपटाय नहीं वह चारो सो डारि फँदावत है।।16।।

समझी न कछू अजहूँ हरि सों ब्रज नैन नचाइ नचाइ हँसै।
नित सास की सीरी उसासनि सों दिनहीं दिन माइ की कांति नसै।।
चहुँ ओर बबा की सौं सोर सुनै मन मेरेऊ आवति री सकसै।
पै कहा करौं वा रसखानि बिलोकि हियो हुलसै हुलसै हुलसै।।17।।

बाँकी कटाछ चितैबो सिख्यो बहुधा बरज्यो हित कै हितकारी।
तू अपने ढिग की रसखानि सिखावनि दै दिनहूँ पचि हारी।।
कौन की सीख सिखी-सजनी अजहूँ तजि दै बलि जाऊँ तिहारी।
नंदन नंद के फंद कहूँ परि जैहै अनोखी निहार निहारी।।18।।

लोग कहैं ब्रज के रसखानि अनंदित नन्द जसोमति जू पर।
छोहरा आजु नयो जनम्यो तुमसो कोऊ भागभर्यो नहिं भू पर।।
वारि कै दाम सवाँर करौ अपने अपचाल कुचाल ललू पर।
नाचत रावरो लाल गुपाल सो काल सो व्याल-कपाल के ऊपर।।19।।

सार की सारी सो भारी लगै धरिवै कहँ सीस बघंबर पैया।
हाँसी सो दासी सिखाइ लई हैं वेई जु वेई रसखानि मन्हैया।।
जोग गयो कुबजा की कलानि मैं री कब ऐहैं जसोमति मैया।
हा हा न ऊथौ कुढ़ावो हमैं अबहीं कहि दै ब्रज बाजै बधैया।।20।।

देखिहौं आँखिन सों पिय को अरु कानन सों उन बैन कों प्यारी।
बाँके अनंगनि रंगनि की सुरभी न सुगंधनि नाक में डारी।।
त्यों रसखानि हिए में धरौ वहि साँवरी मूरति मैं न उजारी।
गाँव भरी कोउ नाव धरौ पुनि साँवरी हौं बनिहौं सुकुमारी।।21।।

बैन वही उनको गुन गाइ और कान वही उन बैन सों सानी।
हाथ वही उन गात सरै अरु पाइ जु उही अनुजानी।।
जान वही उन प्रान के संग औ मान वही जु करै मनमानी।
त्यों रसखानि वही रसखानि जु हैं रसखानि सो है रसखानी।।22।।

सेस सुरेस दिनेस गनेस प्रजेस धनेस महेस मनाओ।
कोऊ भवानी भजो मन की सब आस सबै विधि जाय पुराओ।।
कोऊ रमा भजि लेहु महा धन कोऊ कहूँ मन वांछित पाओ।
है रसखानि मेरे वही साधन और त्रिलोक रहो कि नसाओ।।23।।

दृग दूने खिंचे रहैं कानन लौं लट आनन पै लहराय रही।
छक छैल छबीली छटा छहराय कै कौतुक कोटि दिखाय रही।।
झुक झूम झमाकन चूम अमी चहि चाँदनी चंद चुराय रही।
मन भाय रही रसखानि महा लखि मोहन को तरसाय रही।।24।।

स्फुट पद

तू ऐसी चतुराई ठानै, काहे को निकसत या गैल।
गैल कहा तेरे बाबा की, हम निकसी का पहिल पहल।
यह पैंड़ों सबहिंन चलिबे को, काहे को तू रोकत छैल?
रसखान के प्रभु सूधो चलि जा, देहुँ उरहनौ नंद महल।।1।।

गारी खायगौ अरे गँवार?
ऐसी कौन सिखाई तोहे, पकरत आप पराई नार?
जा जा गोरस लेहु पिबैया, कौन है तू मग रोकनड़ार?
एती बरजोरी ना कीजै, मोहन सीख दई सत बार।
खीजि मटुकिया झटकि सुपटकी, गोरस बहि-बहि चल्यौ पनार।
रसखान के प्रभु आज जान दैं, कल आऊँगी यहै करार।।2।।

वाही दिनवारौ बानक बनि आयौ सखि आज।
गावत तेरी रीझ भावतौ, संग लिये सुघर समाज।
सासु ननद की कानि करौ जनि, उठ किन खेलौ फाग।
अँखियाँ सखियाँ सुफल करौ किन, इन नैनन के भाग।।
कान परी जब तान मोहिनी, तबहुँ तजी कुल कानि।।
इतरु हँसी बृषभान-नंदिनी, उतरु हँसे रसखानि।।3।।

आज होरी रे मोहन होरी।
कालि हमारे आँगन गारी, दे आयौ सो को री।।
अबकी दुरि बैठे मैया ढिग, निकसो कुंज बिहारी।
उमँगि उमँगि आई गोकुल की, सकल मही धनधारी।
जब ललना ललकारि निकासे, रूप सुधा की प्यारी।

लिपटि गई घनस्याम लाल सों, चमक चमक चपला री।
काजर देउ जु परि भरुवा के, सबै देहु मिलि गारी।
कहि रसखान एक गारी पै, सौ आदर बलिहारी।।4।।

मैं कैसे निकसों मोहन खेलै फाग।
मेरे सँग की सब गयीं, मोहि प्रगट्यौ अनुराग।।
एक रैनि सुपनो भयौ, नन्द-नन्दन मिल्यौ आई।
मैं सकुचन घूँघट कर्‌यौ (उन) भुज भेरी लपटाई।।
अपनौ रस मो कों दयौ, मेरो लीनो घूँटि।
बैरिन पलकैं खुल गयीं, (मेरी) गई आस सब टूटि।।
फिरि मैं बहुतेरी करी, नेकु न लागी आँखि।
पलक-मूँदि परिचौ लियौ, (मैं) जाम एक लौं राखि।।
मेरे ता दिन ह्वै गयौ, होरी डाँड़ों रोपि।
सास ननद देखन गई, मोहि घर बासौ सौंपि।।
सास उसासन भारुई ननद खरी अनखाय।
देबर डग धरिबो गनै, (मेरो) बोलत नाहु रिसाय।।
तिखने चढ़ि ठाड़ी रहूँ, लैन करूँ कनहेर।
राति द्यौस हौसे रहे, का मुरली की टेर।।
क्यों करि मन धीरज धरूँ, उठति अतिहि अकुलाय।
कठिन हियौ फाटै नहीं, तिल भर दुख न समाय।।
ऐसी मन में आवई छाँड़ि लाज कुल कानि।
जाय मिलो बृज ईस सों, रति नायक रसखानि।।5।।

खण्ड ख

बिहारी लाल

बिहारी लाल रीतिकाल के सर्वाधिक लोकप्रिय कवि रहे हैं। बिहारी लाल का रीतिकाल की रीति सिद्ध काव्य धारा से सम्बन्ध रहा है। इनका जन्म संवत् 1652 (1595 ई.) में ग्वालियर के पास बसुआ गोबिन्दपुर गाँव के एक ब्राह्मण परिवार में हुआ था। इनके पिता का नाम केशवराय था। एक दोहे में बिहारी ने लिखा है–

जनमु ग्वालियर जानियै खण्ड बुन्देलै जान।
तरुनाई आई सुघर, बसि मथुरा ससुराल।।

इस दोहे से पता चलता है कि इनका जन्म बुन्देलखण्ड के ग्वालियर शहर में हुआ तथा यौवन में विवाहोपरान्त ये अपने ससुराल में रहने लगे। एक अन्य दोहे में अपनी जन्म तिथि का संकेत कूट शैली में किया है–

संवतु जुग सर रस सहित भूमि रीति गिनि लीन।
कातिक सुदिबुध अष्टमी, जन्म हमें विधि दीन।।

अतः जुग दो, सर-पांच (कामदेव) के सहित-छह भूमि एक। इस प्रकार 2561 की संख्या आती है। यदि इसे उल्टा कर दिया जाये तो 1652 बनता है। यह बिहारी का जन्म संवत् है। अपने वंश के विषय में बिहारी ने लिखा है–

प्रकट भये द्विजराज कुल, सुबस बसे ब्रज आई।
मेरौ हरौ कलैसु सबु, केसो केसौ राई।।

इस दोहे से स्पष्ट होता है कि ये स्वयं ब्रज में आकर बस गये थे, तथा केशव इनके गुरु तथा केशवराय पिता थे। बिहारी का जन्म माथुर वंश में हुआ। वे माथुर चौबे थे। इनका बचपन बुन्देलखण्ड में बीता। जब बिहारी लाल सात-आठ वर्ष के थे, तभी इनके पिता ग्वालियर छोड़कर ओरछा चले गये। बिहारी लाल के एक भाई और एक बहन थी। इनका विवाह मथुरा के किसी ब्राह्मण की कन्या से हुआ था। बिहारी लाल ने रीति काव्य धारा के प्रवर्तक केशवदास से काव्य शिक्षा ली और काव्य ग्रन्थों, संस्कृत, प्राकृत भाषाओं का अध्ययन किया। उर्दू-फारसी का अध्ययन इन्होंने

आगरा में किया। यहीं ये हिन्दी के मूर्धन्य नीतिकार कवि रहीम के संपर्क में आए और उनके कृपा पात्र बने। बिहारी शाहजहाँ के कृपा पात्र भी रहे। संवत् 1675 में शाहजहाँ ने इन्हें अपना दरबारी कवि बनाया। बूंदी, जोधपुर जैसी कई रियासतों से इन्हें वृत्ति मिलती थी। जयपुर के महाराजा जयसिंह के दरबार में बिहारी राजकवि थे। इन्हें हर दोहे की रचना पर महाराज की ओर से एक अशर्फी मिलती थी। महाराज से पर्याप्त पुरस्कार और गाँव भी इन्हें मिले थे। बिहारी संभ्रांत संस्कारों और रसिक प्रकृति के विनोदी तथा व्यंग्य प्रिय व्यक्ति थे। साहित्य शास्त्र, ज्योतिष, व्याकरण, वैद्यक, दर्शन तथा राजनीति के अच्छे जानकार थे। राजा जयसिंह के आग्रह पर बिहारी ने अपनी रचना बिहारी सतसई लिखी। इसमें सात सौ तेरह मुक्तक दोहे तथा सोरठे संगृहीत हैं। इनके तीन कवित भी उपलब्ध हैं। इतनी कम रचना करके इतना अधिक सम्मान पाने वाला हिन्दी में दूसरा कवि नहीं है। बिहारी की मृत्यु संवत् 1720 वि. (सन् 1663 ई.) में हुई।

बिहारी रीतिकाल के प्रतिनिधि कवि रहे हैं। इनकी रचना मूलतः शृंगारिक है परन्तु इसमें भक्ति, नीति, अन्योक्ति, प्रकृति चित्रण आदि सभी विषयों पर लिखा है। सतसई का पहला दोहा कल्पना की समाहार शक्ति का सुन्दर उदाहरण है–

मेरी भव बाधा हरौ, राधा नागरि सोइ।
जा तन की झाँई परै, स्यामु हरित दुति होइ।।

यह दोहा कविवर बिहारी की सतसई के मंगलाचरण के रूप में देखा जा सकता है। कवि ने प्राचीन कवि परम्परा के अनुरूप अपने ग्रन्थ की निर्विघ्न समाप्ति के लिए श्री राधिका जी की स्तुति की है। बिहारी लाल के नीति परक दोहे केवल शुष्क तथ्य कथन नहीं हैं। राजा जयसिंह को लिखा यह दोहा उपदेशात्मक होकर भी काव्यात्मक है। यह दोहा राजा जयसिंह को कर्त्तव्य का स्मरण दिलाने के लिए भेजा गया था–

नहिं परागु, नहिं मधुर मधु, नहिं विकासु इहि काल।
अली, कली ही सौं बँध्यो, आगै कौन हवाल।।

बिहारी का कहने का ढंग बहुत ही निराला है। कई बार तो विनोद में ऐसी तीखी बात कह जाते हैं कि चमत्कार प्रिय पाठक मुग्ध हुए बिना नहीं रह पाता। कुटिल मन पर नियन्त्रण रखने के कारण का अनोखापन देखिए–

कोटि कुबत करी कुटिलता तजौं न दीनदयाल,
दुखी होहू गे सरस हिय बसत त्रिभंगी लाल।

बिहारी उपदेश और संदेश देने वाले दोहे भी लिखते हैं–

कनक कनक तें सौगुनी, मादकता अधिकाइ।
एहिं खाए बौराइ जग, वेहिं पाए बौराइ।।

बिहारी लाल रीतिकाल के सर्वश्रेष्ठ कवि रहे हैं। इन्होंने काव्य-सिद्धांतों को आधार मानकर जो दोहे लिखे हैं, वे भाषा पक्ष में बेजोड़ हैं। 'बिहारी सतसई' के बारे में ठीक ही कहा गया है–

सतसैया के दोहरे, ज्यों नाविक के तीर
देखन को छोटे लगें, घाव करें गम्भीर

बिहारी की भाषा शुद्ध और साहित्यिक ब्रज भाषा है। उनकी वाक्य रचना व्यवस्थित है। शब्दों के रूपों का व्यवहार एक निश्चित प्रणाली पर है। मुहावरों का इन्होंने सुन्दर प्रयोग किया है। इनकी भाषा विषय के अनुसार अपना रूप बदलती है। इनकी भाषा में पूर्वी प्रयोग भी मिलते हैं। अनुप्रास के आग्रहवश उसमें कहीं-कहीं खड़ी बोली के क्रियापद भी मिलते हैं। अनुप्रासों की योजना बिहारी ने बड़ी सावधानी से की है। वे हर शब्द को पूरी तरह तोल परख कर प्रयुक्त करते हैं। रूप-वर्णन, प्रेम-व्यापार वर्णन, नायिका-भेद, हाव-भाव, अनुमान-वर्णन, मिलन तथा विरह वर्णन में कवि को सफलता मिली है। आचार्य रामचन्द्र शुक्ल जी के शब्दों में बिहारी के दोहे रस के छींटे हैं। अपने इन्हीं सारे गुणों के कारण बहुत थोड़ा लिखकर बहुत बड़ा यश और स्थान महाकवि बिहारी लाल को प्राप्त हुआ है।

बिहारी-सतसई-सार

(1) सौन्दर्य-भावना

छिप्यौ छबीली मुँहु लसै, नीलैं अंचर-चीर।
मनौ कलानिधि झलमलै, कालिंदी कैं नीर।।1।।

खौरि-पनिच भृकुटी-धनुषु, बधिकु समरु, तजि कानि।
हनतु-तरुन-मृग तिलक-सर-सुरक-भाल, भरि तानि।।2।।

बर जीते सर मैन के, ऐसे देखे मैं न।
हरिनी के नैनानु तैं, हरि, नीके ए नैन।।3।।

सायक-सम मायक नयन, रँगे त्रिबिध रंग गात।
झखौ बिलखि दुरि जात जल, लखि जलजात लजात।।4।।

भाल लाल बेंदी ललन, आखत रहे बिराजि।
इंदुकला कुज मैं बसी मनौ राहु-भय भाजि।।5।।

तिय-मुख लखि हीरा-जरी बेंदी बढ़ैं विनोद।
सुत-सनेह मानौ लियौ बिधु पूरन बुधु गोद।।6।।

भाल-लाल बेंदी-छए, छुटे बार छबि देत।
गह्यौ राहु, अति आहु करि मनु ससि सूर-समेत।।7।।

मिलि चन्दन-बेंदी रही, गोरें मुँह, न लखाइ।
ज्यौं-ज्यौं मद-लाली चढ़ै, त्यौं-त्यौं उघरति जाइ।।8।।

लसतु सेतसारी ढप्यौ, तरल तर्‌यौना कान।
पर्‌यौ मनौ सुरसरि-सलिल, रबि-प्रतिबिंबु बिहान।।9।।

पहिरि न भूषन कनक के कहि आवत इहिं हेत।
दरपन के से मोरचे, देह दिखाई देत।।10।।

रस सिंगार-मंजनु किए कंजनु भंजनु दैन।
अंजनु रंजनु हूँ बिना खंजनु गंजनु नैन।।11।।

केसरि कै सरि क्यौं सकै, चंपकु कितकु अनूपु।
गातरूपु लखि जात दुरि, जातरूप कौ रूपु।।12।।

झीनैं पट मैं झुलमुली, झलकति ओप अपार।
सुरतरु की मनु सिंधु मैं लसति सपल्लव डार।।13।।

तूँ रहि, हौं ही, सखि लखौं, चढ़ि न अटा, बलि, बाल।
सबहिनु बिनु ही ससि-उदै, दीजतु अरघु अकाल।।14।।

लिखन बैठि जाकी सबी, गहि-गहि गरब गरूर।
भए न केते जगत के चतुर चितेरे कूर।।15।।

(2) प्रणय भावना या शृंगारिकता

डीठिबरत बाँधी अटनु, चढ़ि धावत न डरात।
इतहिं उतहिं चितु दुहुनु के नट लौं आवत-जात।।16।।

झटकि चढ़ति उतरति अटा, नैंक न थाकति देह।
भई रहित नटकौ बटा, अटको नागर नेह।।17।।

बसि सकोच-दसबदन-बस, साँचु दिखावति बाल।
सियलौं सोधति तिय तनहिं लगनि-अगिनि की ज्वाल।। 18 ।।

डर न टरै, नींद न परै, हरै न काल-बिपाकु।
छिनकु छाकि उछकै न फिरि, खरौ विषमु छवि-छाकु।। 19 ।।

कब की ध्यान-लगी लखौं, यह घरु लगिहै काहि।
डरियतु भृंगी-कीट लौं, मति वहई ह्वै जाहि।।20।।

उड़ति गुड़ी लखि ललन की, अँगना-अँगना माँह।
बौरी लौं दौरी फिरति, छुवति छबीली छाँह।।21।।

भौंहनु त्रासति, मुँह नटति, आँखिनु सौं लपटाति।
ऐंचि छुड़ावति करु, इँची, आगैं आवति जाति।।22।।

कहत, नटत, रीझत, खिझत, मिलत, खिलत, लतियात।
भरे भौन मैं करत हैं, नैननु हीं सब बात।।23।।

चितई ललचौहें चखनु, डटि घूँघट-पट माँह।
छल सौं चली छुवाइ कै, छिनकु छबीली छाँह।।24।।

भौंह उँचै, आँचरु उलटि, मौरि मोरि, मुँह मोरि।
नीठि नीठि भीतर गई, दीठि दीठि सौं जोरि।।25।।

(3) प्रकृति-वर्णन

बिरह-जरी लखि जीगननु कह्यौ न उहि कै बार।
अरी, आउ भजि भीतरी, बरसत आजु अँगार।।26।।

धुरवा होहिं न, अलि, उठै धुवाँ धरनि-चहुँकोद।
जारत आवत जगत कौं, पावस-प्रथम पयोद।।27।।

उयौ सरद राका-ससी, करति क्यौं न चित चेतु।
मनौ मदन छिंतिपाल को छाँहगीरु छबि देतु।।28।।

नाहिंन ए पावक-प्रबल, लुवैं चलैं चहुँ पास।
मानहु बिरहु बसन्त कै ग्रीषम लेत उसास।।29।।

चुवतु स्वेद मकरन्द-कन, तरु-तरु-तर बिरमाइ।
आवतु दच्छिन देस तैं, थक्यौ बटोही बाइ।।30।।

लपटी पुहुप-पराग-पट, सनी स्वेद मकरन्द।
आवति, नार नवोढ लौं, सुखद वायु गति मंद।।31।।

रनित भृंग घंटावली, झरित दान मधु नीरु।
मंद-मंद आवतु चल्यौ, कुंजरु कुंज-समीरु।।32।।

छकि रसाल-सौरभ, सने मधुर माधुरी-गंध।
ठौर-ठौर झौंरत झँपत, भौंर-झौर मधु अंध।।33।।

(4) भक्ति-भावना

प्रलय-करन बरषन लगे, जुरि जलधर इक साथ।
सुरपति-गरबु हरयौ हरषि, गिरिधर गिरि धर हाथ।।34।।

पतवारी माला पकरि, और न कछू उपाउ।
तरि संसार-पयोधि कौं, हरि नावैं करि नाउ।।35।।

हरि, कीजति बिनती यहै तुम सौं बार हजार।
जिहिं तिहिं भाँति डर्‌यौ रह्यौं पर्‌यौ रहौं दरबार।।36।।

कीजै चित सोई तरे जिहिं पतितनु के साथ।
मेरे गुन-औगुन-गननु, गनौ न गोपीनाथ।।37।।

मोहूँ दीजै मोषु, ज्यौं अनेक अधमनु दियौनु।
जो बाँधें ही तोषु, तौ बाँधौ अपनैं गुननु।।38।।

थोरैं ही गुन रीझते, बिसराई वह बानि।
तुमहूँ, कान्ह, मनौ भए आजकल्हि के दानि।।39।।

ज्यौ ह्वै हौं, त्यौं हाऊँगौ हौं, हरि, अपनी चाल।
हठु न करौ, अति कठिनु है मो तारिबौ, गुपाल।।40।।

कौन भाँति रहि है बिरदु, अब देखिवी मुरारि।
बीधे मोसौं आइ कै, गीधे गीधहिं तारि।।41।।

मोहिं तुम्हैं बाढ़ी बहस, को जीते, जदुराज।
अपनैं अपनैं बिरद की, दुहूँ निबाहन लाज।।42।।

करौ कुबत जगु, कुटिलता तजौं न दीनदयाल।
दुखी होहुगे सरल हिय बसत, त्रिभंगी लाल।।43।।

समैं पलट पलटै प्रकृति, को न तजैं निज चाल।
भौ अकरुन करुना करौ इहिं कपूत कलिकाल।।44।।

(5) बौद्धिकता एवं दार्शनिकता

अपनैं अपनैं मत लगे, बादि मचावत सोरु।
ज्यौं त्यौं सबकौं सेइबौ, एकै नन्द-किसोरु।।45।।

मैं समुझयौ निरधार, यह जगु काँचौ काँच सौ।
एकै रूपु अपार, प्रतिबिंबित लखियतु जहाँ।।46।।

दूरि भजत प्रभु पीठि दै गुन-बिस्तारन-काल।
प्रगटत निर्गुन निकट रहिं, चंग-रंग भूपाल।।47।।

या भव-पारावार कौं उलँघि पार को जाइ।
तिय-छवि छायाग्रहिनी, ग्रहैं बीचहीं आइ।।48।।

को छूटयौ इहिं जाल परि, कत कुरंग, अकुलात।
ज्यौं-ज्यौं सुरझि भज्यौ चहत, त्यौं-त्यौं उरझत जात।।49।।

लटुवा लौं प्रभु-कर-गहैं, निगुनी गुन लपटाइ।
वहै गुनी-कर तै छुटैं निगुनीय ह्वै जाइ।।50।।

कहा भयौ, जौ बीछुरे मो मनु, ता मन-साथ।
उड़ी जाउ कितहूँ, तउ गुड़ी उड़ाइक-हाथ।।51।।

मोहन-मूरति स्याम की अति अद्‌भुत गति जोइ।
बसतु सु चित-अन्तर, तउ प्रतिबिंबितु जग होइ।।52।।

संगति-दोष लगै सबनु, कहेति साँचे बैन।
कुटिल-बंक-भ्रुव-संग भए, कुटिल-बंक-गति नैन।।53।।

घनानन्द

प्रेम की पीड़ा के उन्मत्त गायक तथा रीतिकालीन स्वच्छंद काव्यधारा के विशिष्ट कवि घनानन्द की जीवनी के सम्बन्ध में अनेक विवाद हैं। घनानन्द के जीवन और साहित्य के मान्य अध्येता आचार्य विश्वनाथ प्रसाद मिश्र के अनुसार घनानन्द का जन्म संवत 1730 विक्रमी (सन् 1673 ई.) में हुआ। कहा जाता है कि घनानन्द प्रसिद्व विलासी मुगल सम्राट मुहम्मद शाह रंगीले के दरबार में प्रतिष्ठित कर्मचारी मीर मुंशी थे। इनका जन्म कायस्थ परिवार में हुआ था तथा उन दिनों कायस्थों में उच्च शिक्षा प्राप्त करके नौकरी करने की एक होड़ प्रचलित थी। अध्ययन का ही परिणाम था कि घनानन्द को बादशाह मुहम्मद शाह के पास मीर मुंशी की नौकरी मिली। घनानन्द बहुत अच्छा गाते थे। रूप रंग से भी काफी स्वस्थ और सुन्दर थे, इसी कारण रंगीले बादशाह की चहेती नर्तकी वेश्या सुजान से प्रेम करने की हिम्मत कर सके। राजदरबारी इनसे ईर्ष्या रखते थे। ऊँचे पद और सम्मान तथा सुजान की प्रीति के कारण दूसरे कर्मचारी जलन रखते थे। इसी कारण घनानन्द को राजदरबार से निकाला गया। घनानन्द को नगर छोड़कर जाना पड़ा। राज्य छोड़ते समय घनानन्द ने सुजान को साथ चलने के लिए कहा, पर सुजान ने साफ इन्कार कर दिया। सुजान के इन्कार से घनानन्द को संसार से विरक्ति हो गई। संगीत ने घनानन्द को जो भाव भूमि और संस्कार दिये थे, वे सब मिलकर प्रेम काव्य के रूप में फूट पड़े। घनानन्द पहले वैरागी हो गए, बाद में वृन्दावन जाकर निम्बार्क सम्प्रदाय में दीक्षा ले ली। सन् 1760 ई. में जब अब्दाली दुर्रामी ने मथुरा में दूसरा कत्लेआम किया, उसी समय नादिरशाह के सैनिकों के हाथों इनकी मृत्यु हो गई।

हिन्दी में आनंदघन, घनानन्द, घन आनंद और आनंद के नाम से अनेक रचनाएँ मिलती हैं। आरम्भ में ये सब रचनाएँ एक ही कवि द्वारा रची हुई मानी जाती रहीं लेकिन बाद में पता चला कि ये रचनाएँ विभिन्न कवियों द्वारा लिखी गई हैं। प्रेम की पीर के दीवाने घनानन्द ने बहुत सारी रचनाएँ की हैं। प्रामाणिक मानी जाने वाली इकतालीस छोटी-बड़ी रचनाओं को आचार्य विश्वनाथ प्रसाद

मिश्र ने घनानन्द ग्रन्थावली में स्थान दिया है। घनानन्द सुजान हित और पदावली के कारण ही अमर हो गए हैं। कुछ लोग सुजानहित को सुजान सागर भी कहते हैं। सुजानहित एक प्रेम उपालम्भ काव्य है। इसमें लगभग पाँच सौ सवैये हैं। प्रारम्भ में रूप वर्णन है। मुख्य रूप से नयन, नासिका, कपोल, अधर, ग्रीवा, एड़ी आदि का वर्णन है। इसके साथ ही कटाक्ष, लज्जा आदि हाव-भावों के साथ मेहँदी आदि प्रसाधनों का भी आकर्षक वर्णन किया है। इस कविता में तरुणाई को यौवन का बसन्त मानकर अद्‌भुत चित्रण किया है। पदावली में राधा और कृष्ण की भक्ति का स्रोत प्रवाहित हुआ है। इसमें एक सहस्र से अधिक पद हैं। पदों को भैरव, रामकली, गंधार, केदार जैसे राग-रागिनियों में बाँधा गया है। इसमें अनेक विनय के पद भी हैं। घनानन्द ने संयोग और वियोग दोनों पक्षों का चित्रण किया है, पर वियोग की अन्तर्दशाओं की ओर इनकी दृष्टि अधिक रही है। इनके विरह वर्णन में बाहरी उछल-कूद कम और भीतरी हलचल अधिक रही है। इस भीतरी हलचल को अभिव्यक्ति देने के लिए घनानन्द ने जिस भाषा का प्रयोग किया है, वह भी अपने अति विशिष्ट लाक्षणिक प्रयोगों के कारण पर्याप्त महीन अर्थों का संकेतक बन कर आयी है। घनानन्द के वियोग वर्णन में उद्विग्नता, विह्वलता, तड़प, बेचैनी और पीड़ा देखने को मिलती है।

घनानन्द का मानना है कि मैंने कवित्त नहीं बनाए, मेरे कवित्तों ने स्वयं मुझे ही बनाया है–

लोग हैं लागि कवित्त बनावत मोहिं तौ मेरे कवित्त बनावत।

घनानन्द के मित्र ब्रजनाथ से लेकर आज तक उन्हें महान प्रेमी, ब्रज-भाषा प्रवीण, सुन्दरता के रहस्य का जानकार, योग-वियोग की रीति का ज्ञाता, भावना-भेद तथा भावना के स्वरूप को समझने तथा स्थापित करने वाला माना गया है। सचमुच घनानन्द का हृदय उत्कट प्रेम के रंग में इस तरह भीगा हुआ था कि प्रिय के मिलन में भी इन्हें शांति नहीं मिली और वियोग में भी शांति नहीं मिली। घनानन्द ने ब्रज भाषा में काव्य रचना की है और मुक्तक काव्य शैली को अभिव्यक्ति का आधार बनाया है। घनानन्द की कविता की गहराई को समझने के लिए ब्रजनाथ की इन पंक्तियों को समझना आवश्यक है–

'नेही महा, ब्रजभाषा-प्रबीन औ सुन्दरतानि के भेद कों जानै।
जोग-बियोग की रीति मैं कोबिद, भावना-भेद-स्वरूप कों ठानै।
चाह के रंग मैं भीज्यौ हियो, बिछुरें-मिलें प्रीतम सांति न मानै।
भाषा-प्रबीन सुछन्द सदा रहै, सो घन जी के कवित्त बखानै।'

घनानन्द-कवित्त

कवित्त

हिये मैं जु आरति सु जारति उजारति है,
मारति मरारैं जिय डारति कहा करौं।
रसना पुकारि कै बिचारि पाचि हारि रहै,
कहै कैसें अकह, उदेग रुँधि कै मरौं।
हाय कौन बेदनि बिरंचि मेरे बाँट कीनी,
निघटि परौं न क्यौं हूँ, ऐसी बिधि हौं गरौं।
आनँद के घन हौ सजीवन सुजान देखौ,
सीरी पारि सोचनि, अचंभे सों जरौं भरौं।।1।।

सवैया

पाप के पुंज सकेलि सु कौन धौं आन घरी मैं बिरंचि बनाई।
रूप की लोभनि रीझि भिजाय कै हाय इते पै सुजान मिलाई।
क्यौं घनआनँद धीर धरैं बिन पाँख निगाड़ी मरैं अकुलाई।
प्यास-भरी बरसैं तरसैं मुख देखन कौं अँखिया दुखहाई।।2।।

साधनि ही मरियै, भरियै, अपराधनि बाधनि के गुन छावत।
देखैं कहा? सपनो हूँ न देखत, नैन यौं रैन-दिना झर लावत।
जौ कहूँ जान लखैं घनआनँद तौ तन नेकु न औसर पावत।
कौन बियोग-भरे अँसुवा, जु सँजोग मैं आगेई देखन धावत।।3।।

कवित्त

उठि न सकत, ससकत नैन-बान-बिंधे,
इते हू पै बिषम बिषाद-जुर लू बरै।
सूरे पन पूरे हेत-खेत तें हटैं न कहुँ,

प्रीति-बोझ बापुरे भए हैं दबि कूबरे।
सकट-समूह मैं बिचारे घिरे घुटै सदा,
जांनी न परत जान, कैसें प्रान ऊबरे।
नेही दुखियानि की यह गति अनंदघन,
चिंता-मुरझानि सहैं न्याय रहैं दूबरे।।4।।

सुखनि समाज साज सजे तित सेवैं सदा,
जित नित नए हित फंदनि गसत हौ।
दुख-तम-पुंजनि पठाय दै चकोरनि पै,
सुधाधार जान प्यारे, भलें ही लसत हौ।
जीव सोच सूखै गति सुमिरें अनंदघन,
कित हूँ उघरि कहूँ घुरि कै रसत हौ।
उजरनि बसी है हमारी अँखियानि देखौ,
सुबस सुदेस जहाँ भावते बसत हौ।।5।।

तपति उसास, औधि रूँधियै कहाँ लौं दैया,
बात बूझे सैननि ही उतर उचारियै।
उड़ि चल्यौ रंग कैसे राखियै कटंकी मुख,
अनलेखें कहाँ लौं न घूँघट उघारियै।
जारि बारि छार है न जाय हाय ऐसी बैसी,
चित-चढ़ी मूरति सुजान क्या उतारियै।
कठिन कुदायँ आय घिरी हौं अनंदघन,
रावरी बसाय तौ बसाय न उजारियै।।6।।

सवैया

अकुलानि के पानि परयौ दिनराति सु ज्यौ छिनकौ न कहूँ बहरै।
फिरिबोई करै चित चेटक चाक लौं धीरज को ठिकु क्यौं ठहरै।
भए कागद-नाव उपाव सबै घनआनँद नेह-नदी-गहरै।
बिन जान सजीवन कौन हरै सजनी, बिरहा-बिष की लहरै।।7।।

कवित्त

राति-द्यौस कटक सजे ही रहै दहै दुख,
कहा कहौं गति या बियोग बजमारे की।

लियौ घेरि औचक अकेलो कै बिचारो जीव,
कछु न बसाति यौं उपाय-बल हारे की।
जान प्यारे लागौ न गुहार तौ जुहार करि,
जूझिहै निकसि टेक गहें पनधारे की।
हेत-खेत धूरि चूर-चूर है मिलैगो, तब,
चलैगी कहानी घनआनँद तिहारे की।।8।।

जान प्यारी, हौं तौ अपराधनि सों पूरन हौं,
कहा कहौं ऐसी गति, आवत गरो रुक्यौ।
साध मरै सुधा तौ सुभाय के मिठासै, ताकी,
आशा लै दहति, भै चरन-कंज सों ढुक्यौ।
इते पै जौ राष कै रसीली हियो पांढ़यौ करौ,
तौ न कहूँ गैर जी को, वेहू झगरो चुक्यौ।
ऐसें सोच-आँचनि अनंदघन सुखनिधि,
लपट कढ़ै न नेकौ हा हा जात ज्यौ फुक्यौ।।9।।

सुधा तें स्रवत विष, फूल मैं जमत सूल,
तम उगिलत चंद, भई नई रीति है।
जल जारै अंग, और राग करै सुरभंग,
संपति बिपति पारै, बड़ी विपरीति है।
महागुन गहै दोषै, औषद हू रोग पोषै,
ऐसे जान, रस माहिं बिरस अनीति है।
दिनन को फेर मोहिं, तुम मन फेरि डारयौ
अहो घनआनँद! न जानौं कैसी बीति है।।10।।

गरल गुमान की गरावनि दसा को पान
करि करि, द्यौस-रैनि प्रान घट घोटिबो।
हेत-खेत-धूरि चूरि-चूरि साँस, पाँव राखि,
विष-समुदेग-बाग आगें उर ओटिबो।
जान प्यारे जौ न मन आनैं तो अनदघन,
भूलि तू न सुमिरि परेखैं चख चोटिबो।
तिन्हैं यें सिराति छाती तोहि वै लगति ताती,
तेरे बाँटें आयौ हैं अँगारनि पै लोटिबो।।11।।

बिकल विषाद-भरे ताही की तरफ तकि,
दामिनि हूँ लहकि बहकि यौं जरयौ करै।
जीवन-आधार-पन-पूरति पुकारनि सों
आरत पपीहा निति कूकनि करयौ करै।
अथिर उदेग-गति देखि कै अनंदघन,
पौन बिडरयौ सो बन-बीथिनि ररयौ करै।
बूँदैंन परतिं मेरे जान जान प्यारी, तेरे
बिरही कों हेरि मेघ आँसुनि झरयौ करै।।12।।

सवैया

सोएँ न सायबो, जागें न जाग, अनोखियै लाग सु आँखिन लागी।
देखत फूल पै भूल भरी यह सूल रहै नित ही चित जागी।
चटेक जान सजीवनि-मूरति रूप-अनूप महारस-पागी।
कौन बियोग-दसा घनआनँद, मो मति-संग रहै अति खागी।।13।।

मरिबो बिसराम गनै वह तौ यह बापुरो मीन-तज्यौ तरसै।
वह रूप-छटा न सहारि सकै यह तेज तवै चितवै बरसै।
घनआनँद कौन अनोखी दसा मति आवरी बावरी ह्वै थरसै।
बिछुरें मिलें मीन पतंग-दसा कहा मो जिय की गति कों परसै।।14।।

तेरे देखिबे कों सब ही त्यों अनदेखी करी,
तू हू जौ न देखै तौ दिखाऊँ काहि गति रे।
सुनि निरमोही एक तोही सों लगाव मोही,
सोही कहि कैसें ऐसी निठुराई अति रे।
विष सी कथानि मानि सुधा पान करौं जान,
जीवन-निधान ह्वै बिसासी मारि मति रे।
जाहि जो भजै सो ताहि तजै घनआनँद क्यों,
हति कै हितूनि, कहौ काहू पाई पति रे?।।15।।

लगी है लगनि प्यारे पगी है सुरति तो सों,
जगी है बिकलताई ठगी सी सदा रहौं।
जियरा उड़यौ से डोलै हियरा धक्यौई करै
पियराई छाई तन, सियराई दौ दहौं।

ऊनो भयौ जीबो अब सूना सब जग दीसै
दूनो दूनो दुख एक एक छिन मैं सहौं।
तेरे तौ न लेखो, मोहिं मारत परेखो महा,
जान घनआनँद पै खोइबो लहा लहौं।।16।।

कौन की सरन जैये आपु त्यौं न काहू पैये,
सूनो सो चितैये जग, दैया कित कूकियै।
सोचनि समैये, मति हेरत हिरैये, उर
आँसुनि भिजैये, ताप तैये तन सूकिये।
क्यौं करि बितैयै, कैसें कहाँ धौं रितैयै मन,
बिना जान प्यारे कब जीवन तें चूकिये।
बनी हैं कठिन महा, मोहि घनआनँद यौं,
मीचौ मरि गई आसरो न जित ढूकियै।।17।।

अधिक बधिक तें सुजान, रीति रावरी है,
कपट-चुगो दै फिरि निपट करौ बुरी।
गुननि पकरि लै, निपाँख करि छोरि देहु,
मरहि न जियै, महा बिषम दया-छुरी।
हौं न जानौं, कौन धौं, ही या मैं सिद्धि स्वारथ की,
लखी क्यौं परति प्यारे अंतर-कथा दुरी।
कैसें आसा-द्रुम पै बसेरो लहै प्रान-खग,
बनक-निकाई घनआनँद नई जुरी।।18।।

सवैया

निस-द्यौस खरी उर, माँझ अरी, छबि रंग-भरी मुरि चाहनि की।
तकि मोरनि त्यौं चख ढोर रहे, ढरि गौ हिय ढोरनि बाहनि की।
चट दै कटि पै बढ़ि प्रान गए गति सों मति मैं अवगाहनि की।
घनआनँद जान लखी जब तें जक लगियैं मोहिं कराहनि की।।19।।

कहि नेह बिरोध बढ़यौ सबसों, उर आवत कौन के लाज गई।
जिहि के भरि भार पहार दबै, जग-माँझ भई तिन तें हरई।
दृग काहि लगे जु कहुँ न लगैं, मन-मानिक ही अनखानि ठई।
घनआनँद जान अजौं नहिं जानत, कैसे अनैसे हैं हाय दई।।20।।

इत बाँट परी सुधि, रावरे भुलनि कैसैं उराहनो दीजियै जू।
अब तौ सब सीस चढ़ाय लई जु कछू मन भाई सु कीजियै जू।
घनआनँद जीवन-प्रान सुजान, तिहारियै बातनि जीजियै जू।
नित नीके रहौ तुम्हें चाड़ कहा पै असीस हमारियौ लीजियै जू।।21।।

बधिकौ सुधि लेत, सुन्यौ, हति कै गति रावरी क्यौं हूँ न बूझि परै।
मति आवरी बावरी ह्वै जकि जाय, उपाय कहूँ कि न सूझि परै।
घनआनँद यौं अपनाय तजी इन सोचनि ही मन मूझि परै।
दिन रैन सुजान-बियोग के बान सहै जिय पापी न जूझि परै।।22।।

कवित्त

एरे बीर पौन, तेरो सबै ओर गौन, बीरी
तो सो और कौन, मनैं ढरकौंहीं बानि दै।
जगत के प्रान, ओडे बड़े सों समान घन-
आनँद-निधान, सुखदान दुखियानि दै।
जान उजियारे गुन-भारे अत मोही प्यारे
अब ह्वै अमोही बैठे, पीठि पहचानि दै।
बिरह-बिथहि मूरि, आँखन मैं राखौं पूरि,
धूरि तिन पायन की हाहा! नेकु आनि दै।।23।।

एकै आस एकै बिसवास प्रान गहैं बास,
और पहिचान इन्हें रही काहू सों न है।
चातिक लौं चाहैं घनआनँद तिहारी ओर,
आठौ जाम नाम लै, बिसारि दीनी मौन है।
जीवन-अधार जान सुनियै पुकार नेकु,
आनाकानी दैबो दैया घाय कैसो लौन है।
नेह-निधि प्यारे गुन-भारे ह्वै न रूखे हूजै,
ऐसो तुम करौ तौ बिचारन कें कौन है।।24।।

सवैया

रंग लियौ अबलनि के अंग तें, च्वाय कियौ चित चैन को चोवा।
और सबै सुख सोंधे सकेलि मचाय दियो घनआनँद ढोवा।
प्रान-अबीरहि फेंट भरे अति छाक्यौ फिरै, मति की गति खोवा।
स्याम सुजान बिना सजनी, ब्रज यौं बिरहा भयौं फाग बिगोवा।।25।।

कवित्त

पीरी परी देह, छीनी राजति सनेह-भीनी,
कीनी है अनंग अंग अंग रंग-बोरी सी।
नैन पिचकारी ज्यौं चल्यौई करैं दिन रैन,
बगराए बारनि फिरति झकझोरी सी।
कहाँ लौं बखानौं घनआनँद दुलेही दसा,
फागमई भई जान प्यारे बह भोरी सी।
तिहारे निहारे बिन प्राननि करति होरा,
बिरह अँगारनि मगारि हिय होरी सी।।26।।

कहाँ एतो पानिप बिचारी पिचकारी धरै,
आँसू-नदी नैननि उमगियै रहति है।
कहाँ ऐसी राँचनि हरदि केसू केसरि में,
जैसी पियराई गात पगियै रहति है।
चाँचरि-चोप हू सु तौ औसर ही माचति पै,
चिंता की चहल चित्त लागियै रहति है।
तपति-बुझावनि अनंदघन जान बिन,
होरी सी हमारे हियें लागियै रहति है।।27।।

दसन-बसन ओली भरियै रहै गुलाल,
हसनि-लसनि त्यौं कपूर सरस्यौ करै।
साँसनि सुगंध सोंधे कोरिक समोय धरे,
अंग अंग रूप रंग-रस बरस्यौ करै।
जान प्यारी, तो तन अनंदघन-हित नित,
अमित सुहाग-राग, फाग दरस्यौ करै।
इते पै नवेली लाज अरस्यौ करै जु, प्यारो,
मन फगुवा दै, गारी हू कौं तरस्यौ करै।।28।।

सवैया

घर ही घर चौचँद-चाँचरि दै, बहु भाँतिन रंग रचाय रह्यौ।
भरि नैन ह्यिै हरि सूझि सम्हार सबै करि नाक नचाय रह्यौ।

घनआनँद पै ब्रज-गोरिन कों नख त सिख लौं चरचाय रह्यौ।
लखि सूनो सकै कित, रावरो ह्वै बिरहा नित फाग मचाय रह्यौ।।29।।

कवित्त

फागुन महीना की कहानी ना परैं बातैं दिन-
रातै जैसें बीतत सुने तें डफ-घोर कों।
कोऊ उठै तान गाय, प्रान बान पैठि जाय,
हाय चित-बीच, पै न पाऊँ चितचोर कों।
मची है चुहल चहूँ दिसि चोप-चाँचरि सों,
कासों कहौं सहौं हौं बियोग-झकझोर कों।
मेरो मन आली वा बिसासी बनमाली बिन,
बावरे लौं दौरि दौरि परै सब ओर कों।।30।।

सवैया

सोंधे की बास उसासहि रोकति, चंदन दाहक गाहक जी को।
नैननि बैरी सो है री गुलाल अबीर उड़ावत धीरज ही को।
राग विराग धमार त्यौं धार सी, लौटि परयौ ढँग यौं सबही को।
रंग-रचावन जान बिना घनआनँद लागत फागुन फीको।।31।।

सुनि री सजनी, रजनी की कथा इन नैन-चकोरन ज्यौं बितई।
मुख-चंद सुजान सजीवन को लखि पाएँ भई कछु रीति नई।
अभिलाषनि आतुरताई-घटा तब ही घनआनँद आनि छई।
सु बिहाति न जानि परी भ्रम सी कब ह्वै बिसवासिनि बीति गई।।32।।

मन जैसें कछू तुम्हैं चाहत है सु बखनियै कैसें सुजान ही लौ।
इन प्राननि एक सदा गति रावरे, बावरे लौं लगियै नित लौ।
बुधि औ' सुधि नैननि बैननि मैं करि बास निरंतर अंतर गौ।
उघरौ जग छाय रहे घनआनँद चातिक त्यौ तकियै अब तौ।।33।।

देव कवि

देव कवि के जन्म और मृत्यु के विषय में केवल अनुमान ही मिलते हैं। मिश्रबन्धु और आचार्य रामचन्द्र शुक्ल ने इनका जन्म संवत् 1730 वि. माना है। संवत् 1824 वि. में इनका देहावसान माना गया है। इनकी आयु लगभग 94 वर्ष थी। इनका पूरा नाम देवदत्त था। इनका जन्म उत्तर प्रदेश के इटावा नगर में हुआ था। इनके पिता का नाम बिहारी लाल दूबे था। मिश्रबन्धुओं ने इन्हें कान्यकुब्ज कश्यप गोत्रीय द्विवेदी माना है। कवि भोगी लाल की ये पंक्तियाँ महत्त्वपूर्ण हैं—

कश्यप गोत्र द्विवेदी कुल, कान्यकुब्ज कमनीय।
देवदत्त कवि जगत् में भयो देव रमनीय।।

देव कवि की रचनाओं के विषय में भी मतभेद है। इनके 72 या 92 ग्रन्थ संख्या में निर्धारित किये गये हैं। किन्तु उपलब्ध ग्रन्थों की संख्या 25 ही है। इनमें मुख्य रूप से भाव-विलास, रस-विलास भवानी विलास, कुशल-विलास, जाति-विलास, वैराग्य-शतक, सुखसागर-तंरग, सुजान विनोद, अष्टयाम, काव्यरसायन या शब्द रसायन या देव रसायन और देव माया प्रपंच (नाटक) अधिक प्रसिद्ध हैं। देव अनेक आश्रयदाताओं के पास रहे। उनके नाम पर इन्होंने अपने ग्रन्थों का नामकरण किया है। औरंगजेब के पुत्र आजमशाह, भवानीदत्त वैश्य, कुशल सिंह, राजा भोगीलाल, अली अकबर खान इनके आश्रयदाता थे। इनमें इन्हें राजा भोगी लाल से सर्वाधिक सम्मान और संतोष मिला। इनके विषय में देव ने लिखा है—

भोगीलाल भूप लाख पाखर लेवैया,
जिन्ह लाखन खरच कीच आखर खरीदे हैं।

बार-बार आश्रयदाता बदलते रहने का कारण इनका स्वच्छंद स्वभाव था। देव के ग्रन्थों की बड़ी संख्या होने का कारण अनेक आश्रयदाताओं का होना भी है। अपने श्रेष्ठ छन्दों को वे हर नये ग्रन्थ में समाविष्ट कर लेते थे। इसीलिए

एक ही रचना कई-कई नामों से प्राप्त हुई है। देव सर्वांग निरूपक आचार्य कवि हैं। देव की विशद और सुकुमार कल्पना अछूती रूप योजना लेकर चलती है। जब यह विराटता का स्पर्श कर लेती तो प्रभाव द्विगुणित हो जाता है। अनुभूति की गहराई और अन्तर्दृष्टि की व्यापकता में देव का प्रतिद्वन्द्वी दूसरा कवि नहीं ठहरता। यही कारण है कि जितने उत्कृष्ट छंद इनकी रचना में सरलता से प्राप्त हो जाते हैं, दूसरों में नहीं मिलते। नाद तत्व के लिए देव स्मरणीय कवि हैं।

पूर्वरागिणी नायिका की परिणय अनुभूति के चित्रण के लिए उसके शरीर से पाँचों तत्वों का एक-एक करके निकल जाना वर्णित है। ऐसी अनेक विलक्षण और नवीन उद्‌भावनाएँ देव ने प्रस्तुत की हैं। कृष्ण के रूप में लग कर नायिका की आँखें शहद की मक्खी के समान हो गई हैं। यह कहकर सौन्दर्य मधु से न छूट पाने के विवशता जनित सुख का सूक्ष्म और मार्मिक चित्रण प्रस्तुत है–

धार में धाय धँसी निरधार हैं जाय फँसी उकसी न उघेरी।
री अँगराय गिरीं गहिरी गति फेरे फिरीं न फिरीं नहिं घेरी।।
देव कछू अपनो बस ना रस लालच लाल चितै भईं चेरी।
बेगि ही बूड़ि गई पँखियाँ अँखियाँ मधु की मंखियाँ भई मेरी।।

भावना के अनुकूल अनुप्रास युक्त शब्द चयन में देव अधिक ही निपुण हैं। एक गोपी को वर्षा ऋतु में श्रीकृष्ण के साथ झूलने की कामना का स्वप्न आया। स्वप्न टूट जाने पर वह अपने रस को अपनी सखी के सामने व्यक्त करती हुई कहती है–

झहरि झहरि झीनी बूँद है परत मानो;
छहरि छहरि घटा घेरी है गगन में।
आनि कहियो स्याम मोसों चलो झूलिबो को आज,
फूली न समानी भई ऐसी है मगन में।

इस प्रकार कहा जा सकता है कि देव कवि रीतिकाल के अन्य कवियों से विशिष्ट सिद्ध होते हैं। इधर नवीन दिशा-दृष्टि सम्पन्न आलोचकों ने देव को निश्चित रूप से रीतिकाल का सर्वश्रेष्ठ कवि कहना प्रारम्भ कर दिया है।

1. रसविलास

'देव' देखावत कंचन सो तनु, औरनि को मनु तावै अगोनी।
सुंदरि साँचे मैं दै भरि काढ़ी सी, आपने हाथ गढ़ी बिधि-सोनी।।
सोहति चूनरि स्याम किसोरी की, गोरी, गुमान-भरी, गज-गोनी।
कुंदन-लीक कसौटी में लेखी सी, देखी सोनारि सुनारि सलोनी।।1।।

तीनहुँ लोक नचावति ऊक मैं, मंत्र के सूत अभूत गती है।
आपु महा गुनवन्त गुसाइँनि, पाँइन पूजत प्रानपती है।।
पैनी चितौनी चलावति चेटक, की न कियो बस जोगि-जती है।
कामरु-कामिनि काम-कला, जगमोहन भामिन भानमती है।।2।।

माखुन सो तनु सो जोबन, है दधि ते अधिकौ उर ईठी।
जा छबि आगे छपाकर छाँछ, समेत सुधा बसुधा सब सीठी।।
नैनन नेह चुवै कहि 'देव', बुझावत बैन बियोग अगीठी।
ऐसी रसीली अहीरी अहे, कहौ क्यों न लगे मनमोहनै मीठी।।3।।

मंजुल अखण्ड खण्ड सातवें महल महा,
मण्डल चौवारी चण्ड मण्डल के चोटहीं।
भीतर हू लालन के जालन बिसाल जोति,
बाहर जुन्हाई जगै जोतन के जोटहीं।।
बरनत बानी चौंर ढारत भवानी कर,
जोरै रमा रानी ठाढ़ी रमन के ओटहीं।
'देव' दिगपालन की देवी सुखदाइनि तें,
राधा ठकुराइनि के पायन पलोटहीं।।4।।

राधे कही है कि तैं छमियौं, ब्रजनाथ कितै अपराध किये मैं।
कानन तान न भूलत बा खिन, आँखिन रूप अनूप पिये मैं।।
आपने ओछे हिये भैं दुराइ, दयानिधि 'देव' बसाय लिये मैं।
हौंही असाध बसी न कहूँ, पल आध अगाध तिहारे हिये मैं।।5।।

2. सुजान-विनोद

भारी भर्‌यो बिबि भौहनि रूप, सुडोर दुहूँ लचि छोरनि डोलै।
नीको चुनी को लिलार मैं टीको, सुटेकि खिलार खरे गुन खोलै।।
बालपनो तरुनापनो बाल को, 'देव' बराबरि केवल बोलै।
दोऊ जवाहिर जौहरी मैन, सुनैन पलानि तुला धरि तौले।।1।।

अरिकै वह आजु अकेली गई, खरिकै हरि के गुन रूप लुही।
उनहू अपनो पहिराइ हरा, मुसक्याय कै गाय कै दुही।।
'कवि देव' कहौ किन कोऊ कछू, तब ते उनके अनुराग छुही।
सब ही सौं यही कहैं बालबधू, यह देख री माल गोपाल गुही।।2।।

ना यह नन्द को मन्दिर है, बृषभान को भौन कहा जकती हौ।
हौं ही यहाँ तुम ही कहि 'देव जू', काहि धौ घूँघट कै तक़ती हौ।।
भेटती मोहि भटू केहि कारन, कौन किधौं छवि सों छकती हौ।
कैसी भई सो कहौ किन कैसे हू, कान्ह कहा हैं, कहा बकती हौ।।3।।

होरी को सोरु परयो ब्रज पौरि, किसोरी को चित्त बिछोहनि छीज्यो।
दौरि फिरै दुरि देखिबे को, न दुरै मनु ओज मनोज की मीज्यो।।
केसरिया चकचौंधत चीर, ज्यों केसरि बीर सरूप लसी ज्यों।
लाल के रंग में भीजि रही, सु गुलाल के रंग मैं चाहत भीज्यो।।4।।

साँवरो सुन्दर रूप बिसाल, अनूप रसाल बड़े बड़े नैन री।
या बन आवत गैयनि लै नित, 'देव' दिखैयनि के चित चैन री।।
मैं हूँ सुनी सो कहा कहौं लाज की, बात कहूँ सखि तू कहिए न री।
वा जग वंचक देखे बिना, दुखिया अँखियान न रंचक चैन री।।5।।

प्रान सों प्रानपती सो निरन्तर, अन्तर अन्तर पारत हेरी।
'देव' कहा कहौं बाहर हूँ, घर बाहर हूँ रहैं भौंह तरेरी।।
लाज न लागति लाज अहे, तोहिं जानी मैं आजु अकाजिन ए री।
देखन दे हरि को भरि नैन, धरी किन एक सरी कनि मेरी।।6।।

मंजुल मंजरी पंजरी सी है, मनोज के ओज सम्हारति चीरन।
भूख न प्यास न नींद परै, परी प्रेम अजीरन के जुर जीरन।।
'देव' घरी पल जाति घुरी, अँसुवानि के नीर उसास समीरन।।
आह न जाति अहीर अहै तुम्हैं, कान्ह कहा कहौं काहू के पीरन।।7।।

3. सुखसागर-तरंग

'देव' सबै सुखदायक संपति, संपति को सुख दंपति जोरी।
दंपति दीपति प्रेम प्रतीति, प्रतीति की रीति सनेह निचोरी।।
प्रीति तहाँ गुण गीति विचार, विचार की बानी सुधा रस बोरी।
बानी को सार बखान्यो शृंगार, शृंगार को सार किशोर किशोरी।।1।।

काहू की कानि करै री न ये, उन ऐसे खिलार अनोखे नये हरि।
'देव' अहीरनि पीर न सोच, बिलोचन वीर अबीर लिये भरि।।
रुस सकी न भरै सिसकी, सु उमा सनि ही अँसुवाँ सुख पेटरि।
लालरि लैकै गुलाल रँगीलै, रँगीली की चूनरि गीली गई करि।।2।।

एकन बैनन ही ललचाय, लचाये हैं एकन सैनन कै कै।
है गुलचाय लचाये लला, सु बचाये है ओठनि कै रस लैकै।।
एकहि भेंटि दूहूँ भुज 'देव', हियो दृग अंजन रंग उन्है कै।
चंचलनैनी दृगंचल मोरि, हँसै मुख रंचक अंचल दैके।।3।।

खेलत फाग खिलार खरे, अनुराग भरे बड़भाग कन्हाई।
एक ही मौन में दोउन देखिकै, 'देव' करी इक चातुरताई।।
लाल गुलाल सो लीनी मुठी भरि, बाल के भाल की ओर चलाई।
वा दृग मूँदि उतै चितयो, इन भेटि इतै बृषभान की जाई।।4।।

न्याननि काम हौ बाम बिरानी ये, जात हिरानी ये सामुहे हेरेई।
वीरन की सौं अहीरन पीन न, वीरन के घर आवति घेरेई।।
औसर होरी के भौज को भेट न, भौजी को भेटन आये अबेरेई।
देवर हौ जू लड़ाइते देवर, नेवर मेरे सुनेवर मेरेई।।5।।

छीर की सी लहरि छहरी गई छिति माँह,
यामिनि की ज्योति भामिनी को मनु ऐठो है।
ठौर ठौर छूटत फुहारो मानो मोतिन को,
'देव' वन याको मन काको न अमेठो है।।
सुधा को सरोबर सो अम्बर उदित शशि,
मुदित मराल मनौ पेरिबे को पैठो है।
बेला के विमल फूल फूलत समूल मानौ,
गगन ते उड़ि उडुगण बैठो है।।6।।

ज्योतिन के जूहनि दुरासद दुरूहनि,
प्रकाश के समूहनि उज्यासनि के आकरनि।
फटिक अटूटनि महरजत कूटनि,
मुकुट माणि जूटनि समेटि रतनाकरनि।।
छूटि रही जोन्ह जग लूटि द्युति 'देव',
कमलाकरनि झूटि फूटि दीपति दिवाकरनि।
नभ सुधा सिन्धु गोद पूरण प्रमोद शशी,
समुद विनोद चहूँ कोद कुमुदाकरनि।।7।।

खरी दुपहरी हरि भरी फरी कुंज मंजु,
गुंज अलि पुंजन की 'देव' हियौ हरि जाति।
सीरे नद नीर तरु तीरन गहरि छाँह,
सोवै परे पथिक पुकारै पिक करि जाति।
ऐसे में किसोरी भोरी कोरी कुँभिलाने मुख,
पंकज जो पाई धरा धीरज सो धरि जाति।
सोहै घनश्याम मग हेरति हथेरी ओट,
ऊँचे धाम वाम चढ़ि आवत उतरि जाति।।8।।

सोखे सिन्धु सिन्धुर से बन्धुर ज्यौं बिन्ध्य गन्ध-
मादन के बन्धु से गरज गुरवानि के।
झमकारे झूमत गगन घने घूमत,
पुकारे मुख चूमत पपीहा मोरवानि के।।
नदी नद सागर डगर मिली गये 'देव',
डगर न सूझत नगर पुरवानि के।
भारे जल धरणि अँध्यारे धरणी धरणि,
धाराधर धावत धुमारे धुरवानि के।।9।।

4. स्फुट कविता

पाँयन नूपुर मंजु बजैं, कटि किंकिनि मैं धुनि की मधुराई।
साँवरे अंग लसै पट पीत, हिये हुलसै बनमाल सुहाई।

माथे किरीट बड़े दृग चंचल, मन्द हँसी मुख चंद जुन्हाई।
जै जग मंदिर दीपक सुन्दर, श्री बृज दूलह 'देव' सहाई।।1।।

गंग तरंगनि बीच बरंगनि, ठाढ़ी करै जपु रूप उदोती।
'देव' दिवाकर की किरनै, निकसै बिकसै मुख पंकज जोती।
नीर भरी निचुरै अलकै, छुटि कै छलकै मनो माँग के मोती।
बिज्जुलि से झलके लपटे कन, कज्जल से अँग उज्जल धोती।।2।।

अनुराग के रंगनि रूप तरंगनि, अंगनि ओप मनो उफनी।
'कवि देव' हिये सियरानी सबै, सियरानी को देखि सुहागसनी।।
बर धामन बाम चढ़ी बरसै, मुसुकानि सुधा घनसार घनी।
सखियानि के आनन-इंदुन ते, अँखियानि की बंदनवार तनी।।3।।

स्याम के संग सदा हम डोलै, जहाँ पिक बोलै अलीगन गुंजै।
लाहनि माह उछाहनि सो, छहरै जहँ पीरी पराग की पुंजै।।
बोलनि मैं रस केलिन मैं 'कवि देव' कछू चित की गति लुंजै।
कालिंदी-कूल महा अनुकूल ते, फूलती मंजुल बंजुल कुंजै।।4।।

सँजोगिनी की तू हरै उर पीर, वियोगिनि के सचरे उर पीर।
कलीन खिलाइ करै मधु पान, गलीन भरै मधुपान की भीर।।
नचै मिलि बेलि बधूनि अचै, सुर 'देव' नचावति आधि अधीर।
तिहू गुन देखिए दोष भरो, अरे सीतल मंद सुगंध समीर।।5।।

कातिक पून्यो की राति ससी, दिसि पूरब अंबर मैं जिय जान्यो।
चित्त भ्रम्यो पुमनिंदु मनिंदु, उठयो भ्रम ही सो भुलान्यो।।
'देव' कछू बिसवास नहीं, सोई पुंज प्रकाश अकास में तान्यो।
रूप-सुधा अँखियानि अँचै, निहचै मुख राधिका को पहिचान्यो।।6।।

सुनि कै धुनि चातक मोरनि की, चहुँ ओरनि कोकलि कूकनि सों।
अनुराग भरे हरि बागनि मैं, सखि रागत राग अचूकनि सों।।
कवि 'देव' घटा उनई जु नई, बनभूमि भई दल दूकनि सों।
रँगराती हरी हहराती लता, झुकि जाती समीर के झूकनि सों।।7।।

आली झुलावति झूँकनि सों, झुकि जात कटी झननाति झकोरे।
चंचल अंचल की चपला, चलबेनी बड़ी सो गड़ी चित चोरे।।

या बिधि झूलत देखि गयो, तब ते कवि 'देव' सनेह के जोरे।
झूलत है हियरा हरि को, हिय माहिं तिहारे हरा के हिंडोरे।।8।।

फूले अनारनि पाँडर डारनि, देखत 'देव' महाडरु माँचै।
माधुरी झौरनि अंब के बौरनि भौंरनि के गन मंत्र से बाँचै।।
लागि उड़ै बिहागिनि की कचनारनि बीच अचानक आँचै।
साँचे हुंकारि पुकारि पिकी कहै नाच बनैगी बसंत की पाँचै।।9।।

पद्माकर

पद्माकर का जन्म आचार्य रामचन्द्र शुक्ल के अनुसार सन् 1753 ई. में उत्तर प्रदेश के बाँदा जिले में हुआ था। जगद्विनोद नामक पुस्तक के आधार पर इनका जन्म स्थान मथुरा को भी माना जाता है। अपने जन्म स्थान के बारे में कवि ने स्वयं जो साक्षी दी है, उसके आधार पर पद्माकर का जन्म बुन्देलखण्ड के एक तेलंग ब्राह्मण के परिवार में हुआ। पद्माकर की लिखी ये पंक्तियाँ इस प्रकार हैं—

भट्ट तिलंगाने को बुन्देलखण्ड कवि,
सुजस प्रकासी पद्माकर सुनामा हो।

इनके पिता का नाम पण्डित मोहन लाल भट्ट था, जो अनेक राजाओं और रबारों से सम्बद्ध रहे। पद्माकर को भी दरबार की रीति-नीति को निकट से रखने का अवसर मिला था। सबसे पहले पद्माकर बाँदा के नवाब अली बहादुर के सेनापति हिम्मत सिंह के आश्रय में रहे। यहाँ पर इन्होंने हिम्मत बहादुर वेरुदावली नामक पुस्तक लिखी। इसके बाद ये क्रमशः सागर के राजा रघुनाथ, यपुर के राजा प्रताप सिंह और जगत सिंह, ग्वालियर के राजा दौलतराव संधिया के आश्रय में रहे। जगत सिंह की प्रशंसा में इन्होंने जगद् विनोद मक ग्रन्थ लिखा और इन्हीं को समर्पित किया है। दौलतराव सिधिंया की शंसा में इन्होंने आलीजाह प्रकाश ग्रन्थ की रचना की। सितारा के महाराज घुनाथ राव ने इन्हें एक लाख रुपये और दस गाँव देकर सम्मानित किया था। गत सिंह ने इन्हें बारह हाथी, बारह गाँव और बारह स्वर्ण मुद्राएँ प्रदान की । जीवन का अधिकांश समय जयपुर में बिताया और अन्तिम दिनों में नपुर के पास गंगा तट पर रहना प्रारम्भ कर दिया था। कुष्ठ रोग के कारण द्माकर के अन्तिम दिन बड़े क्लेश और बेचैनी में बीते। सन् 1833 ई. में गा के तट पर इन्होंने अपने प्राण त्याग दिये थे।

पद्माकर ने अनेक ग्रन्थों की रचना की है। जगद् विनोद, हिम्मत बहादुर

विरुदावली, पद्माभरण, जयसिंह विरुदावली, आलीजाह प्रकाश, गंगा लहरी, प्रबोध-पचासा, भाषा हितोपदेश आदि इनकी प्रमुख काव्य रचनाएँ हैं। पद्माकर की कविता का मुख्य विषय श्रृंगार है। श्रृंगार, वीर और भक्ति रस का अद्भुत परिपाक इनकी रचनाओं में हुआ है। रीतिकालीन भोग विलासमय जीवन का चित्रण, नायिका भेद, नख-शिख वर्णन, ऋतु वर्णन, प्रकृति चित्रण आदि काव्य की सभी विशेषताओं को पद्माकर ने अपने काव्य में बहुत ही उचित ढंग से प्रस्तुत किया है। सौंदर्य चित्रण एवं विभिन्न सांस्कृतिक समारोहों में भी इनका मन रमा है। इनकी शैली भी सरल, सुबोध और लोकप्रिय रही है। पद्माकर ने कृष्ण भक्ति के अनूठे चित्र उपस्थित किए हैं—

गोपी ग्वाल माली जुरे आपस में कहें आली,
कोऊ जसुवा को अवतरयो इन्द्र जाली है
कहे पद्माकर करे को यौं उताली जापै,
रहन न पावै कहूँ एक पौन आखली है।

पद्माकर प्रकृति के चित्रण में भी सिद्धहस्त हैं। बसन्त के विकास का चित्रण कवि ने इस प्रकार किया है—

कूलन में, केलिन में, कछारन में, कुंजन में,
कयारिन में कलिन, कलान किलकंत है
वीथिन में, ब्रज में, नवेलिन में, बेलिन में,
बनन में बागन में बगरयो बसन्त है।

पद्माकर की भाषा ब्रज है। कवित्त और सवैया छंदों को इन्होंने अत्य प्रवाहमय रूप दिया है। अनुप्रास और यमक जैसे शब्दालंकारों के स अर्थालंकारों का भी प्रयोग किया है। पद्माकर ने मुहावरों के अतिरि नीतिपरक लोकोक्तियों का भी सुन्दर प्रयोग किया है। अतः कहा जा सकता कि पद्माकर की भाषा का रूप सधा हुआ सरस एवं मोहक है।

1. शृंगार

(जगद्विनोद से)

कवित्त (उत्तमा)

पाती लिखी सुमुखि सुजान पियगोबिंद को,
"श्रीयुत सलौने स्याम सुरवनि सने रहौ।"
कहै 'पद्माकर' तिहारी छेम छिन-छिन,
चाहियतु, प्यारे मन-मुदित घने रहौ।।
बिनती इती है कै हमेस हू मुहै तौ निज,
पाइन की पूरी परिचारिका गने रहौ।।
याही में मगन मनमोहन हमारी मन,
लगनि लगाइ लाल मगन बनै रहौ।।1।।

कवित्त (मध्यमा)

जाके मुख सामुहे भयोई जो चहत मुख,
लीन्हो से नवाई डीठि पगनि अवाँगी री।
बैन सुनिबे कों अति ब्याकुल हुते जे कान,
तेऊ मूँदि राखे मजा मन हू न माँगी री।।
झारि डार्‌यो पुलक प्रसेद हू निबारि डार्‌यो,
रोकि रसना हू त्यों भरी न कछू हाँगी री।।
एते पै रह्यो न मान मोहन लटू पै भटू,
टूक-टूक ह्वै कै ज्यों छटूक भई आँगी री।।2।।

ऋतु-वर्णन

कवित्त (बसंत वर्णन)

और भाँति कुंजन में गुंजरत भौंर-भीर,
और डौर झौरन में बौरन के ह्वै गये।

कहै 'पद्माकर' सु और भाँति गलियान,
छलिया छबीले छैल और छबि छवै गये।।
औरै भाँति बिहँग-समाज में आवाज़ होति,
ऐसे ऋतुराज के न काज दिन द्वै गये।
औरै रस औरै रीति औरै राग औरै रंग,
औरै तन औरै मन औरै बन है गये।।3।।

कवित्त (असूया)

आवत उदासी, दुख लगै, और हाँसी सुनि,
दासी उर लाइ कहौ को नहिं दहा कियो।
कहै 'पद्माकर' हमारे जान ऊधौ उन,
तात को न मात को न भ्रात को कहा कियो।।
कंकालिनी कूबरी कलंकिनि कुरूप तैसी,
चेटकिनि चेरी ताके चित्त को कहा कियो।।
राधिका की कहवत कहि दीजौ मोहन सों,
रसिक-सिरोमनि कहाइ धौं कहा कियो।।4।।

कवित्त (चिन्ता)

झिलत झकोर रहै जीवन को जोर रहै,
समद मरोर रहै सोर रहै तब सों।
कहै 'पद्माकर' तकैयन के मेह रहै,
नेह रहै नैननि न मेह रहै दब सों।।
बाजत सुबैन रहै उनमद नैन रहै,
चित में न चैन रहै चातकी के रब सों।
गेह में न नाथ रहै द्वारे ब्रजनाथ रहै,
कौ लौं मन हाथ रहै साथ रहै सब सों।।5।।

फुटकर

कवित्त (नेत्र-वर्णन)

रूप-रस चाखैं मुख रसना न राखैं फेरि,
भाषैं अभिलाखैं तेज उर के भझारतीं।।
कहै 'पद्माकर' त्यों कानन बिना हू सुनैं,

आनन के बान यों अनोखे अंग धारतीं।।
बिन पग दौरें बिन हाथन हथ्यार करैं,
कोर के कटाच्छन पटा-से झूमि झारतीं।
पाखन बिना ही करैं लाखन ही बार आँखैं,
पावतीं जौ पाँखैं तौ कहा धौं करि डारतीं।।6।।

कवित्त (विप्रलम्भ शृंगार)

बैठी बनि बानिक सु मानिक महल-मध्य,
अंग अलबेली के अचानक थरक परैं।
कहै 'पद्माकर' तहाँई तन-तापन तें,
बारन तें मुकुता हजारन दरक परैं।।
बाल छतिया तें थकथक ना कढ़त मुख,
बकना कढ़त कर ककना सरक परैं।
पाँसुरी पकरि रही साँसुरी सँभारे कौन,
बाँसुरी बजत आँख आँसुरी ढरक परैं।।7।।

2. वीर तथा प्रशस्ति

(हिम्मत बहादुर बिरुदावली)

हरिगीतिका

फहरने निसान दिसानि जाहिर, धवल दल बकपंत-से।
हय हियान हर्षित बीरबर, फूले फिरत रतिकंत-से।।
बलके सवार सपूत अति, मजबूत नद-से उमाड़ि कै।
अरि-ओर ओरे-सी परैं, घन-घोर गोली घुमड़ि कै।।1।।

हरिगीतिका

इमि साजि दल हिम्मतबहादुर नृपति बीर हला कियो।
जहँ प्रबल बीर पमार अर्जुन सिंह हर्षित हैं हियो।।

अति कठिन भूम मवबास-ऊपर, अजैगढ़ सोहै किलो।
चहुँ ओर पर्बत बन सघन, तहँ आपु डीलनि नृप पिलो।।2।।

हरिगीतिका

जहँ और फौजन को न सपनेहु, चित्त जैबै को चलै।
तहँ नृपति वीर अनूप गिरि, पैठो हरषि हाँकत दलै।।
जिमि राम रघुबर दौरि कै, निरसंक लंका पर गयौ।
हिम्मतबहादुर बीर त्यों, रन-धीर धावत तहँ भयौ।।3।।

त्रिभंगी

पट्टक्यौ गज पर तें, उमड़ि उभर तें, अरि-सिर धर तें, काटि लियौ।
रिपु-रुण्ड धरा को, अरपत ताको, हरहि हरा को, मुंड दियौ।।
लहि अर्जुन-मत्था, गिरिजा-नत्था, अमित अकत्था, नचत भयौ।
डम डमरू बजावै, बिरदनि गावै, भूत नचावै, छबिन छयौ।।4।।

त्रिभंगी

किल किलकत चंडी, लहि निज खंडी, उमड़ि उमंडी, हरषति है।
सँग लै बैतालनि, दै-दै तालनि, मज्जा जालनि, करषति है।
जुग्गिननि जमातीं, हिय हरषातीं, खद-खद खातीं मांसन कों।
रुधिरन सों भरि-भरि, खप्पर धरि-धरि, नचतीं करि-करि, हासन कों।।5।।

त्रिभंगी

बज्जत जय-डंका, गज्जत बंका, भज्जत लंका, लौं अरि गे।
नन मानि अतंका, करि सत संका, सिंधु सपंका, तरि-तरि गे।।
नृप करि इमि रारनि, लरि तरवारनि, मारि पमारनि, फते लई।
लूटे बहु हय-गय, देत खलनि भय, जय में जय-जय, सुधुनि भई।।6।।

छप्पय

जय जय जय धुनि धन्य-धन्य गज्जिय छिति छज्जय।
फहुरत सुजस-निसान, सान जय-दुंदुभि बज्जिय।।
सोभहिं सुभट सपूत, खाइ तन घाइ अतुल्ले।

विमल बसंतहिं पाइ, मनहु कल किंसुक फुल्ले।।
तहँ 'पद्माकर' कबि बरन इमि, रन-उमंग सफजंग किय।
नृप-मनि अनूप गिरि भूप जहँ, सुख-समूह सु फतूह लिय।।7।।

हरिगीतिका

सुभ सुख-समूह फतूह लिय, हित मंजु मोदन सों भरै।
काली कपाली निस-दिना, नित नृपति की रक्षा करै।।
पृथु-रित्ति नित्त सुबित्त दै, जग जित्ति कित्ति अनूप की।
बर बरनिये बिरदावली, हिम्मतबहादुर भूप की।।8।।

फुटकर

कवित्त (प्रतापसिंह वर्णन)

कामद कला-निधान कोबिद कबिंदन को,
काटत कलेस किल कल्प तरु-कैसे हैं।
कहैं 'पद्माकर' भगीरथ-से भागवान,
भानुकूल-भूषन भयो यो राम जैसे हैं।।
मानिनी-मनोहरन महत मजेजवंत,
माधव-नरिंद-तनै तेजवंत तेसे हैं।
कूरम कुलीन मान सिंहावत महाराज,
साहिब सवाई श्रीप्रतापसिंह ऐसे हैं।।9।।

कवित्त (प्रतापसिंह वर्णन)

देत बढ़ा सीस तुम, देत हैं असीस हम,
तुम जसु लेत, हम बसु लेत भाये हैं।
कहै 'पद्माकर' तुम सुबरन बरषत,
हम हूँ सुहाये सुबरन बरषाये हैं।।
राजन के राजा महाराजा श्रीप्रतापसिंह,
तुम सकबंध हम छंदबंध छाये हैं।।
जानियो न ऐसी कि ये बिगिर बुलासे आये,
गुन तौ तिहारे मोहिं बरबस लाये हैं।।10।।

कवित्त (प्रतापसिंह वर्णन)

सूरत के साह कहै कोऊ नरनाह कहै,
कोऊ कहै मालिक ये मुलुक दराज के।
राव कहै कोऊ उमराव पुनि कोऊ कहै,
कोऊ कहै साहिब ये सुखद समाज के।।
देखि असबाब मेरो भरमैं नरिंद् सबै,
तिन सों कहे मैं बैन सत्य सिरताज के।
नाम 'पद्माकर' डराउ मत कोऊ भैया,
हम कबिराज हैं प्रताप महाराज के।।11।।

3. भक्ति

(प्रबोध-पचासा)

कवित्त

देब नर किन्नर कितक गुन गावत पै,
पावत न पार जा अनन्त गुनपूरे को।
कहै 'पद्माकर' सुगाल के बजावत ही,
काज करि देत जन-जाचक जरूरे को।।
चंद की छटान-जुत पन्नग-फटान-जुत,
मुकुट विराजै जटा-जूटन के जूरे को।
देखौ त्रिपुरारि की उदारता अपार जहाँ,
पैये फल चारि फूल एक दै धतूरे को।।1।।

सवैया

राम को नाम जपो निसि-बासर, राम ही को इक आसरो भारो।
भूलो न भूल की भीरन में, 'पद्माकर' चाहि चितौनी को चारो।।
ज्यों जल में जलजात के पात, रहै जग में त्यों जहान तें न्यारो।
आपने-सो सुख औ दुख दौरि जु और को देखै सु देखनहारो।।2।।

कवित्त

आवत हू जात खात खेलत खुलत गात,
छींकत छकात चुपचाप है न रहिये।
कहै 'पद्माकर' परे हु परभात प्रेम,
पागत परात परमातमा न जहिये।।
बैठत उठत जात जागत जँभात मुख,
सोवत हू सापने न जौरै नाध नहिये।
रैन-निद आठो जाम, राम राम राम,
सीताराम सीताराम सीताराम कहिये।।3।।

कवित्त

औगुन अनन्त खरदूषन-लौं दोषवन्त,
तुच्छ त्रिसिरा-लौं जा को एक हू न जस है।
कहै 'पद्माकर' कबंध-लौं मदंध, महा-
पापी हौं मरीच-लौं, न दाया को दरस है।।
मंथरा-लौं मंथर, कुपंथी पंथ-पाहन-लौं,
बालि हू लौं विषयी न जान्यौं और रस है।
व्याध हू लौं बधिक बिराध-लौं बिरोधी राम,
एते पै न तारौ तौ हमारौ कहा बस है।।4।।

कवित्त

सापहर पापहर कलि के कलापहर,
तीखन त्रितापहर तारक तरैया को।
कहै 'पद्माकर' त्यों प्रगट प्रकासमान,
पोषक पियूष-ऐसो जैसो कामगैया को।।
मुख सुखदायक सहायक सबन सूधो,
सुलभ सरन्य सरनागत अवैया को।
मीठो भर-कठवति परत न फीको नित,
नीको निरदोष नाम राम रघुरैया को।।5।।

सवैया

ये भवबाँधन बाँधिबे को सुख साधन ये ही सदा अभिलाखै।
त्यों 'पद्माकर' सालिगराम को, कै अरचा चरनोदक चाखै।।
सुन्दर स्याम सरोरुह साँवरो, राम ही राम निरन्तर भाखै।
देह धरे को यहै सुख है, जु बिदेहसुतापति में चित राखै।।6।।

(गंगा-लहरी)

कवित्त

बई ती बिरंचि भई बामन-पगन पर,
फैली-फैली फिरी ईस-सीस पै सुगथ की।
आइ के जहान जन्हु-जंघा लपटाई फेरि,
दीनन के हेत दौरि कीन्ही तीनि पथ की।।
कहै 'पद्माकर' सु महिमा कहाँ लौं कहौं,
गंगा नाम पायो सोही सबके अरथ की।
चारयो फल-फली फूली गहगही बहबही,
लहलही कीरति-लता है भगीरथ की।।7।।

कवित्त

कूरम पै कोल कोल हू पै सेष-कुंडली है,
कुंडली पै फबी फैल सुफन हजार की।
कहै 'पद्माकर' त्यों फन पै फबी है भूमि,
भूमि पै फबी है थिति रजत-पहार की।।
रजत-पहार पर संभु सुरनायक हैं,
संभु पर ज्योति जटाजूट है अपार की।
संभु-जटाजूटन पै चंद की छुटी है छटा,
चंद की छटान पैं छटा है गंग-धार की।।8।।

फुटकर

कवित्त (बाल कृष्ण-वर्णन)

देखु 'पद्माकर' गोबिन्द की अमित छबि,
संकर समेत बिधि आनँद सों बाढ़ो है।

झिझिकत झूमत मुदित मुसुकात गहि,
अंचल को छोर दोऊ हाथन सों आढ़ो है।।
पटकत पाँव होत पैजनी झुनुक रंच,
नेक-नेक नैनन तें नीर-कन काढ़ो है।
आगे नंदरानी के तनिक पय पीबे काज,
तीन लोक ठाकुर सो ठुनुकत ठाढ़ो है।।9।।

भूषण

कविवर भूषण का जन्म 1670 वि. में और मृत्यु 1772 वि. में मानी जाती है। ये कानपुर जिले के तिकवांपुर गाँव के रहने वाले थे। इनके पिता का नाम रत्नाकर त्रिपाठी था। ये कश्यप गोत्रीय कान्यकुब्ज तिवारी थे। रीतिकाल के प्रसिद्ध कवि चिन्तामणि और मतिराम इनके भाई थे। भूषण इनका उपनाम था, जो इन्हें चित्रकूट के राजा सोलंकी रुद्रप्रताप सिंह ने दिया था। पण्डित विश्वनाथ प्रसाद मिश्र ने तथ्यों और तर्कों से सिद्ध किया है कि इनका असली नाम घनश्याम था। भूषण अनेक दरबारों में घूमे लेकिन शिवाजी का आश्रय ही उन्हें रुचिकर लगा। पन्ना नरेश छत्रसाल के यहाँ भी इन्हें पर्याप्त सम्मान मिला। जनश्रुति है कि छत्रसाल ने स्वयं सम्मानार्थ इनकी पालकी में कन्धा लगाया था। मराठा इतिहास के प्रामाणिक सूत्रों से यह भी निश्चित हो चुका है कि भूषण शिवाजी के आश्रित कवि मात्र न थे बल्कि एक योद्धा के रूप में इन्हें प्रतिष्ठा प्राप्त थी। छत्रसाल की ओर से ये साहू जी के दरबार में दूत बनकर भी गये थे। शिवाजी और छत्रसाल के अतिरिक्त ये साहू जी, हृदय राम सोलंकी, मिर्जा राजा जयसिंह, उनके पुत्र रामसिंह, बूँदी नरेश हाड़ा बुद्धराव, कुमाऊँ नरेश के यहाँ भी थोड़े-थोड़े समय के लिए रहे।

भूषण की तीन रचनाएँ शिवराज भूषण, शिवाबावनी और छत्रसाल दशक प्रसिद्ध हैं। इनका काव्य समसामयिक परिस्थितियों का चित्रण करने वाला है। इसमें जातीयता और राष्ट्रीयता को मुख्य स्थान प्राप्त हुआ है। भूषण वीर काव्य के कर्त्ता हैं। आचार्य रामचन्द्र शुक्ल ने भूषण की प्रसिद्धि संबंधी तथ्य की ओर संकेत करते हुए कहा है कि भूषण ने अपने समय के कवियों की झूठी प्रशस्ति की प्रवृत्ति की निन्दा करके शिवाजी के प्रायः चरित्र रूपी सरोवर में नहाकर वाणी का पवित्र होना बताया है। हालांकि भूषण ने अपने युग की काव्य रीति के माध्यम से जातीय आदर्श प्रतिष्ठित किया है, जिससे उनकी प्रतिभा का पर्याप्त अंश अलंकारों के विवेचन पर खर्च हो गया है, फिर भी उनके कवित्त ओजस्विता और वीररस से भरे हैं।

भूषण की कविता का केन्द्रीय विषय शिवाजी की वीरता का वर्णन है, जो सच्चाई पर आधारित होने के कारण जन-जन का प्रिय विषय बना। भूषण ने मुखयतः वीर रस की कविता लिखी। शिवाजी वीर सैनिक हैं और मुगल सेना में उनके नाम का आतंक था, ये तथ्य भूषण ने अनेक सवैयों में व्यक्त किये हैं। भूषण की राष्ट्रीयता में देश प्रेम, अनीति और अन्याय का विरोध, अपने धर्म और संस्कृति से लगाव मुखर हुआ है। शिवाजी के वीर रूप का चित्रण भूषण की कविता में इस प्रकार हुआ है–

इन्द्र जिमि जम्भ पर, बाडव सुअम्भ पर,
रावन सदम्भ पर रघुकुल-राज है।
पौन बारिबाह पर, सम्भु रतिनाह पर,
ज्यों सहस्राबाह पर राम-द्विजराज है।।
दावा द्रुम दण्ड पर, चीता मृग-झुण्ड पर,
'भूषन' बितुण्ड पर जैसे मृगराज है।
तेज तम अंक पर, कान्ह जिमि कंस पर,
त्यों मलिच्छ बंस पर सेर सिवराज है।।

भूषण के काव्य में उद्‌बोधन शैली और चित्र शैली का समवेत उत्कर्ष मिलता है। भावानुकूल भाषा के प्रयोग में उनकी दक्षता सराहनीय है। उनकी काव्य भाषा ब्रजभाषा है किन्तु संदर्भ के अनुकूल अरबी-फारसी की शब्दावली का भी निःसंकोच प्रयोग किया है। बुन्देलखण्डी और बैसवाड़ी बोलियों के शब्दों द्वारा भी भाषा को व्यावहारिकता प्रदान की है। उन्होंने दोहा, कवित्त और सवैया छंद का सफल प्रयोग किया है। अलंकार विधान में भी उनका बल विविधता पर रहा है। भूषण का समस्त काव्य मुक्तक काव्य है जिसमें कि मुहावरों और लोकोक्तियों का अधिक प्रयोग हुआ है। इस प्रकार कहा जा सकता है कि भूषण उच्चकोटि के कवियों में गिने जाते हैं। वीर रस के साथ ही रौद्र, भयानक और अद्‌भुत रसों की अनूठी व्यंजना और विशिष्ट संस्कारयुक्त भाषा पर विलक्षण अधिकार भूषण की कविता के मूलभूत गुण हैं। इनकी रचनाएँ मध्यकालीन हिन्दू जातीय चेतना की प्रतिबिम्ब हैं। इस चेतना का प्रेरक उपादान शिवाजी छत्रपति का चरित्र रहा है।

1. शिवराज-भूषण

तेरे ही भुजन पर भूतल को भार,
कहिबे को सेसनाग दिग नाग हिमाचल है।
तेरो अवतार जग पोसन भरन हार
कछु करतार को न ता मधि अमल है।।
साहिन में सरजा समत्थ सिवराज,
कवि 'भूषन' कहत, जीबो तेरोई सफल है।
तेरी करवाल करै म्लेच्छन को काल
बिन काज होत काल बदनाम धरातल है।।1।।

साहि-तनै सरजा के भय सों भगाने भूप,
मेरु मैं लुकाने ते लहत जाय ओत हैं।
'भूषन' तहाऊँ मरहटपति के प्रताप,
पावत न कल अति कौतुक उदोत हैं।।
"सिव आयो सिव आयो" संकर के आगमन
सुनि कै, परान ज्यों लगत अरि गोत हैं।
"सिव सरजा न, यह सिव है महेस" करि,
यों हि उपदेस जच्छ रच्छक से होत हैं।।2।।

एक समै, सजि कै सब सैन,
सिकार को आलमगीर सिधाये।
"आवत हैं सरजा सम्हरौ"
यक ओर ते लोगन बोल जनाये।।
भूषन भो भ्रम औरङ्ग के,
सिव भौंसिला भूप की धाक धुकाये।
धाय कै 'सिंह' कह्यो समुझाय,
करौलनि आय अचेत उठाये।।3।।

साहि-तनै सरजा खुमान सलहेरि पास,
कीन्हो कुरुखेत खीजि मीर अचलन सों।
'भूषन' भनत बलि करी है अरीन धर,
धरनी पै डारि, नभ प्रान दै वलन सों।।
अमर के नाम के बहाने गो अमरपुर,
चन्दावत लरि सिवराज के दलन सों।
सरजा बचायो भाजे काजी के कहाने बाबू,
राव उमराव ब्रह्मचारी के छलन सों।।4।।

बेदर कल्यान दै परेझा आदि कोट साहि,
एदिल गँवाय है नवाय निज सीस को।
'भूषन' भनत, भाग नगरी कुतुब साईं,
दै करि गँवायो राम गिरि से गिरीस को।।
भौंसिला भुवाल साहि-तनै गढ़पाल दिन,
दोऊ ना लगायो गढ़ लेत पंचतीस को।
सरजा सिवाजी जयसाह मिरजा को लीने,
सौ गुनी बड़ाई गढ़ दीने हैं दिलीस को।।5।।

साहि-तनै सरजा की कीरति सों चारों ओर,
चाँदनी बितान छिति छोर छाइयतु है।
'भूषन' भनत, ऐसो भूप भौंसिला है, जाके
द्वार भिच्छुकन सों सदाई भाइयतु है।।
महादानी सिवाजी खुमान या जहान पर,
दान के प्रमान जाके यों गनाइयतु है।
रजत की हौस किये हेम पाइयतु जासों,
हयन की हौस किये हाथी पाइयतु है।।6।।

दारहि दारि मुरादहि मारि के,
संगर साहि सुजै बिचलायो।
कै कर मैं सब दिल्लि की दौलति,
औरहु देसु छनै अपनायो।।
बैर कियो सरजा सिव सों,
यह नौरंग के न भयो भरमायो।
फौज पठाई हुती गढ़ लेन को
गाँठिहुँ के गढ़ कोट गँवायो।।7।।

2. दोहावली

तरनि, जगत जलनिधि तरनि, जै जै आनँद ओक।
कोक कोकनद सोक हर, लोक लोक आलोक।।1।।

राजत है दिनराज को, बंस अवनि अवतंस।
जामैं पुनि पुनि अवतरे, कंस-मथन प्रभु अंस।।2।।

महाबीर ता बंस मैं, भयो एक अबनीस।
लियो विरद 'सीसौदिया', दियो ईस को सीस।।3।।

ता कुल मैं नृपवृन्द सब, उपजे बखत बलन्द।
भूमिपाल तिनमैं भयो, बड़ो "माल मकरन्द"।।4।।

सदा दान किरवान मैं, जाके आनन अम्भु।
साहि निजाम सखा भयो, दुग्ग देवगिरि खम्भु।।5।।

ताते 'सिरजा बिरद' भो, सोभित सिंह प्रमान।
रन-भू-सिला सु भौंसिला, आयुषमान "खुमान"।।6।।

'भूषन' भनि, ताके भयो, भुव-भूषन नृप साहि।
रातौ दिन संकित रहैं, साहि सबै जग माहिं।।7।।

दसरथ जू के राम भे, वसुदेव के गोपाल।
सोई प्रगटे साहि के, श्री सिवराज भुवाल।।8।।

3. शिवा-बावनी

साजि चतुरंग बीर रंग में तुरंग चढ़ि,
सरजा सिवाजी जंग जीतन चलत है।
'भूषन' भनत नाद विहद नगारन के,
नदी नद मद गैबरन के रलत है।।
ऐल फैल खैल भैल खलक में गैल गैल,
गजन की ठैल पैल सैल उसलत है।।
तारा सो तरनि धूरि धारा में लगत, जिमि,
थारा पर पारा पारवारा यों हलत है।।1।।

प्रेतनी पिसाचन निसाचर निसाचरिहू,
मिलि मिलि आपस में गावत बधाई है।
भैरों भूत प्रेत भूरि भूधर भयंकर से,
जुत्थ जुत्थ जोगिनी जमाति जुरि आई है।।
किलकि किलकि के कुतूहल करति काली,
डिम डिम डमरू दिगम्बर बजाई है।
सिवा पूछैं सिव सों समाजु आजु कहाँ चली,
काहू पै सिवा नरेस भृकुटी चढ़ाई है।।2।।

बद्दल न होहिं दल दच्छिन उमड़ि आयो,
घटा ये न होय इभ सिवाजी हँकारे के।
दामिनी दमक नहिं खुले खग्ग वीरन के,
इन्द्रधनु नाहिं ये निशान हैं सवारे के।।
देखि देखि मुगल की कामिनी बिगर त्यागे,
उझकि उझकि घर छाँड़त विडारे के।
दिल्ली-पति भूल मति गाजत न घोर घन,
बाजत नगारे ये सितारे गढ़वारे के।।3।।

बाजि गजराज सिवराज सैन साजत ही,
दिल्ली दिलगीर दसा दीरघ दुखन की।
तनियाँ न तिलक सुथनियाँ पगनियाँ न,
घामें घुमरातीं छोड़ि सेजियाँ सुखन की।।
'भूषन' भनत पति बाँह बहियाँ न तेऊ,
छहियाँ छबीली ताकि रहियाँ रुखन की।
बालियाँ बिथुर जिमि आलियाँ नलिन पर,
लालियाँ मलिन मुगलनियाँ मुखन की।।4।।

कत्ता की कराकन चकत्ता को कटक काटि,
कीन्ही सिवराज वीर अकह कहानियाँ।
'भषन' भनत तिहूँ लोक में तिहारी धाक,
दिली और बिलाइत सकल बिललानियाँ।।
आगरे अगारन है फाँदती कगारन छ्वै,
बाँधती न बारन मुखन कुम्हलानियाँ।
कीबी कहैं कहा और गरीबी गहैं भागी जायँ,
बीबी गहे सूथनी औ नीबी गहे रानियाँ।।5।।

ऊँचे घोर मन्दर के अन्दर रहनवारी,
ऊँचे घोर मन्दर के अन्दर रहाती हैं।
कन्द मूल भोग करैं कन्द मूल भोग करैं,
तीन बेर खातीं ते वै तीन बेर खाती हैं।।
भूषन सिथिल अंग भूखन सिथिल अंग,
बिजन डुलातीं ते वै बिजन डुलाती हैं।
'भूषन' भनत सिवराज बीर तेरे त्रास,
नगन जड़ाती ते वै नगन जड़ाती हैं।।6।।

उतरि पलँग जे न दियौ है धरा पै पग,
सोई निसि दिन सगबग चली जाती हैं।
अति अकुलातीं मुरझातीं न छिपातीं गात,
बात न सोहाती बोले अति अनखाती हैं।।
'भूषन' भनत बली साहि के सपूत सिवा,
तेरी धाक सुने अरि-नारी बिललाती हैं।
जोन्ह में न जातीं वे ही धूपें चलि जातीं पुनि,
कोऊ करै घाती कोऊ रोतीं पीटि छाती हैं।।7।।

अन्दर ते निकसीं न मन्दर को देख्यो द्वार,
बिन रथ पथ ते उघारे पाँव जाती हैं।
हवा हू न लगती ते हवा ते बिहाल भई,
लाखन की भीर में सँभारती न छाती हैं।।
'भूषन' भनत सिवराज तेरी धाक सुनि,
हारडारि चीर फारि मन झुंझलाती हैं।
ऐसी परी नरम हरम बादसाहन की,
नासपाती खातीं ते बनासपाती खाती हैं।।8।।

अतर गुलाब रस चोवा घनसार सब,
सहज सुबास की सुरति बिसराती हैं।
पल भर पलँग ते भूमि न धरति पाँव,
भूली खान पान फिरैं बन बिलखाती हैं।।
'भूषन' भनत, सिवराज तेरी धाक सुनि,
दार हार वार न सम्हारैं अकुलाती हैं।
ऐसी परी नरम हरम बादसाहन की,
नासपाती खातीं ते बनासपाती खाती हैं।।9।।

सोंधे को अधार किसमिस जिनको अहार,
चार को सो अंक लंक चन्द सरमाती हैं।
ऐसी अरि-नारी सिवराज बीर तेरे त्रास,
पायन में छाले परे कन्द मूल खाती हैं।।
ग्रीषम तपनि ऐसी तपति न सुनी कान,
कंज कैसी कली बिनु पानी मुरझाती हैं।
तोरि तोरि आछे से पिछौरा सों निचोरि मुख,
कहैं सब कहा पानी मुकतों में पाती हैं।।10।।

दरबर दौर करि नगर उजारि डारि,
कटक कटायो कोटि दुजन दरब की।
जाहिर जहान जंग जालिम है जोरावर,
चलै न कछूक जोर जब्बर जरब की।।
सिवराज तेरे त्रास दिल्ली भयो भुवकम्प,
थर थर काँपति बिलाइति अरब की।
हालत दहिल जात काबुल कँधार बीर,
रोस करि काढ़ैं समसेर ज्यों गरब की।।11।।

कोट गढ़ ढाहियतु एकै पातसाहन के
एकै पातसाहन के देश दाहियतु है।
'भूषन' भनत महाराज सिवराज एकै,
साहन की फौज पर खग्ग बाहियतु है।।
क्यों न होहिं बैरिन की बैरि-बधू बौरी सुनि,
दौरनि तिहारे कहौ क्यों निबाहियतु है।
रावरे नगारे सुनि बैर बारे नगरन,
नैनवारे नदन निवारे चाहियतु है।।12।।

4. स्फुट छन्द

(1)

ओरङ्ग अठाना शाह शूर की न मानै आनि,
जब्बर जराना भयो जालम जमाना को।
देवल डिगाना राव राना मुरझाना अरु,
धरम ढहाना पन मेट्यो है पुराना को।।

कीनो घमसाना मुगलाना को मसाना भरे,
जपत जहाँन जस बिरद बखाना को।
साहि के सपूत सिव राना किरवान गहि,
राख्यो है खुवान वर वाना हिन्दुवाना को।।

(2)

सिंहल के सिंह सम रन सरजा की हाँक,
सुनि चौंकि चलत बधाई पाटसादी के।
'भूषन' भनत भूमिपाल दुरे द्राविड़ के,
ऐल फैल गैल गैल भूले उनमादी के।।
उछलि उछलि ऊँचे सिंह गिरैं लंक माहिं,
बूड़ि गये महल विभीषन के दादा के।
महि हाले मेरु हाले अलका कुबेर हाले,
जा दिन नगारे बजे शिव शाहजादा के।।

(3)

प्रबल पठान फौज काटि के कराल महा,
अपनी मनाई आनि जाहिर जहान को।
दौरि करनाट मैं तोरि गढ़ कोट लीन्हे
मोदी सों पकरि लोदी सेर खाँ अचान को।।
'भूषन' भनत सब मारि के बिहाल करि,
साहि के सुवन राचे अकथ कहान को।
वार गीर वाज सिवराज तो सिकार खेले,
साह सैन सकुन में ग्राही किरवान को।।

(4)

सतयुग द्वापर औ त्रेता कलियुग मधि,
आदि भयो नाहिं भूप तिन हूँ ते आघरी।
अकबर बब्बर हुमायूँ साह सासन सों,
नेह ते सुधारी हेम हीरन ते सगरी।।
'भूषन' भनत ऐसी मुगलानी चूँथ कीन्हीं,
दौरी दौरी पौरी पौरी लूट ली चहूँ फरी।
धूरि तन लहि बैठी सूरत हैं रैन दिन,
सूरत को मोरी बदसूरत सिवा करी।।

(5)

पक्खर प्रबल दल भक्खर सौं दौरि कर
आय शाह जी को नंद बाँधि तेग वाकरी।
सहर हिलायो मारि गरद मिलायो गढ़,
अजहूँ न आगे पाछे भूप कोऊ नाकरी।।
हीरा गनि मानिक की लाख पोठि लादि गयो,
मंदिर ढहायो जो पै काढ़ी मूल काँकरी।
आलम पुकार करे आलम पनाह जू पै,
होरी सी जराय सिवा सूरत फना करी।।

गिरिधर कविराय

गिरिधर कविराय के जीवन से संबद्ध कोई प्रामाणिक जीवन वृत्त उपलब्ध नहीं होता है। अनेक विद्वानों ने इनके जीवन के विषय में अलग-अलग विचार व्यक्त किये हैं, जो अधिकतर जन श्रुतियों पर आधारित हैं। इनकी अपनी रचनाओं में भी इनके जीवन के विषय में कोई विशेष जानकारी उपलब्ध नहीं होती है। हिन्दी साहित्य में कवि गिरिधर कविराय ख्याति प्राप्त रहे हैं। शिवसिंह सरोज में इनको गिरिधर कविराइ, विनोद में गिरिधर कविराय तथा आचार्य रामचन्द्र शुक्ल के इतिहास में गिरिधर कविराज कहा गया है। इनका नाम हरिदास और उपनाम गिरिधर कहा गया है–

"(गिरधर) उपनामक हरिदास संज्ञक।"

भाई कान्ह सिंह ने भी अपने महान कोश में इनका असली नाम हरिदास दिया है–तो कवि का नाम हरिदास था, और इनकी छाप गिरिधर कविराय थी। इनकी सभी कुंडलियों में गिरिधर कविराय छाप है।

हिन्दी साहित्य के इतिहास में गिरिधर कविराय को भाट माना गया है। गिरिधर कविराय का प्राचीनतम लिखित विवरण मातादीन शुक्ल के कवित्त रत्नाकर (संवत् 1930 वि.) में प्राप्त है। इसमें इन्हें भाट कहा गया है। आचार्य रामचन्द्र शुक्ल के अनुसार "नाम से यह भाट जान पड़ते हैं।" नाम के अन्त में कविराय लगा हुआ है। अवध क्षेत्र में भाटों को आदरार्थ कविराय या कविराज कहा जाता है। भोलानाथ तिवारी लिखते हैं कि नाम के साथ कविराय या कविराज लगे होने से ही भाट जाति के ज्ञात होते हैं। ये भाट कुंडलियाँ तथा इसी प्रकार के अन्य छंद गा-गा कर भीख माँगते फिरते हैं। दुर्गादत्त शर्मा ने ब्रह्मभट्ट सरोज में इन्हें ब्रह्मभट्ट कहा है। चन्द्रकान्त बाली ने इनके पिता का नाम गोस्वामी धर्मचन्द बताया है। मातादीन मिश्र के अनुसार गिरिधर भाट जयपुर नगर के वासी महाराजा जयसिंह जयपुर राज्याधिकारी के समय में थे। स्पष्ट है मिश्र जी इन्हें जयपुर वासी मानते हैं। शिवसिंह सरोज में गिरिधर कविराय को 'अन्तरवेदी'

वाले कहा गया है। कानपुर से लेकर इलाहाबाद तक का गंगा-यमुना के बीच का द्वाबा अन्तरवेद कहलाता है। विनोद के अनुसार इस कवि की भाषा अवध की ग्रामीण भाषा है। अतः ये अवध के रहने वाले थे। दुर्गादत्त शर्मा ने ब्रह्मभट्ट कवि सरोज में इन्हें बीजापुर निवासी बताया है। श्री चन्द्रकान्त बाली अपने पंजाब प्रान्तीय हिन्दी साहित्य के इतिहास में इन्हें पंजाबी मानते हैं। इनका कहना है कि इनके पिता गोस्वामी धर्मचन्द जी लाहौर के निवासी थे। कुछ विद्वानों ने इनकी पत्नी का नाम साईं माना है।

गिरिधर कविराय के समय का प्रथम उल्लेख शिवसिंह सरोज में हुआ है। सरोजकार ने इनका समय संवत् 1770 वि. दिया है। इसी समय को स्वीकार करना उचित प्रतीत होता है। इनका मृत्युकाल संवत् 1896 वि. तक का माना गया है। गिरिधर कविराय विरक्त हो गये थे, यह एक प्रामाणिक तथ्य है। ये पंजाब छोड़कर अन्तरवेद चले गये थे। गंगा किनारे घूमा करते थे। गिरिधर कविराय एक उदासीन साधु थे तथा साधुओं के निमित ही इन्होंने बहुत कुछ लिखा है। साधु की रहनी पर इन्होंने बहुत विचार किया है–

रहनो सदा इकांत को, पुनि भजनो भगवंत
कथन श्रवण अद्वैत को, यही मतो है संत
यही मतो है संत, तत्व को चिंतन करनों
प्रत्यक ब्रह्म अभिन्न, सदा डर अंतर धरनों
कह गिरिधर कविराय, वचन दुर्जन को सहनों
तज के जन समुदाय, देश निरजन में रहनों

गिरिधर कविराय अपनी कुण्डलियों के लिए प्रसिद्ध हैं। यह इनकी सर्वाधिक प्रसिद्ध रचना है विभिन्न समय पर इनके द्वारा रचित कुण्डलियों का संग्रह एक विशिष्ट कृति है। प्रत्यकानुभव शतक, सप्त-भय-निवारण मंत्र, नल-दमयंती इनकी अन्य कृतियाँ हैं। नल-दमयंती दोहा-चौपाइयों में लिखित प्रेमाख्यानक काव्य है।

नीतिवादी कवियों में गिरिधर कविराय का स्थान बहुत ऊँचा है। गिरिधर जी की नीतिवादी कुंडलियाँ ही लोगों की जुबान पर लोकोक्तियाँ बन गई हैं। इन नीति कुण्डलियों में कवि ने वचन-पालन, यश-अपयश, नारी, चिन्ता, सुमति, बैर, प्रतीति, बनिया, रिनिया, दौलत, चुगुल, मोटे तरु का आश्रय, अवसर-कुअवसर, दुष्ट जन, भाई से सुव्यवहार, अतिथि सत्कार, किसी से अपना रहस्य न कहना तथा बीती बातों के लिए न पछताना का जोरदार वर्णन किया है। गिरिधर कविराय की कुंडलियों की जन प्रियता का कारण उनकी सरलातिसरल अभिव्यक्ति,

सहज भाषा, यथार्थवादिता और उपयोगिता है। इसके साथ ही इन कुंडलियों का जन प्रिय होने का कारण इनमें सर्वज्ञात अन्तरभुक्त अन्तरःकथाएँ भी हैं। ये कथाएँ मुख्य रूप से रामायण और महाभारत से सम्बन्धित हैं और इन्हें सभी जानते हैं।

गिरिधर की कुंडलियों की भाषा का व्याकरणिक रूप ब्रजभाषा का है। इसके साथ ही अरबी, फारसी और पंजाबी शब्दों का प्रयोग भी कुंडलियों में हुआ है। कुंडलियों के लिए गिरिधर कविराय परम प्रख्यात हैं। कुंडलिया मात्रिक विषम छंद है। इसमें कुल छः चरण होते हैं। प्रथम दो चरणों में एक-एक दोहा रहता है। गिरिधर कविराय सीधे-सादे कथन वाले कवि रहे हैं। अलंकारों से इन्हें कुछ लेना-देना नहीं है लेकिन कुछ अनुप्रास स्वतः आ गए हैं। अन्योक्ति इनका प्रिय अलंकार माना जा सकता है। गिरिधर कविराय के काव्य में विविध रसों को अभिव्यक्ति मिली है। मुख्य रूप से शृंगार, हास्य एवं शान्त रस से सम्बन्धित कुंडलियाँ लिखी हैं।

कुंडलियाँ

वचन-पालन

पुत्र प्राण ते अधिक है, चारिउ युग परमान
सो दसरथ नृप परिहरेउ, वचन न दीन्ह्यो जान
वचन न दीन्ह्यो जान, बड़ेन की बूझि बड़ाई
बात रहै सो काज, और बरु सरबस जाई
कह गिरिधर कविराय, भए नृप दसरथ जैसे
पुत्र प्राण परिहरे, वचन परिहरे न ऐसे।।1।।

चिंता

चिंता ज्वाला सरीर की, दाह लगे न बुझाय
प्रकट धुवाँ नहिं देखिए, उर अंतर धुँधवाय
उर अंतर धुंधुवाय, जरै जस कांच की भट्टी
रक्त मांस जरि जाइ, रहै पांजरि की ठट्टी
कह गिरिधर कविराय, सुना रे मेरे मिंता
ते नर कैसे जियैं, जाहि व्यापी हैं चिंता।।2।।

सुवा

सुवा एक दाड़िम के धोखे, गयो नारियल खान
कछु खायो, कछु खान न पायो, फिर लागो पछितान
फिर लागो पछितान, बुद्धि अपनी को रोवा
निर्गुणियन के साथ बैठि, अपने गुण खोवा
कह गिरिधर कविराय, सुना हो मोरे नोखे
गया झटाका टूटि चोंच, दाड़िम के धोखे

सोरठा

सुक ने कहो संदेस, सेमर के पग लागिहौ
पग न परे वह देस, जब सुधि आवै फलन की।।3।।

नदी

नदी न छोड़ियो तीर को, जो बरषा सरसाइ
बाढ़ि बाढ़ि दिन चारि को, अपयश जन्म नसाइ
अपयश जन्म नसाइ, वही पाहन की रेखा
बड़ी बड़ाई लहत, सदा हम कबहुँ न देखा
कह गिरधर कबिराय, नेक नेकी नहिं तोड़ा
बदी किए का होय नदी को, तीर न छोड़ा।।4।।

मित्र-बिछोह

मित्र-बिछोहा अति कठिन, मति दीजै करतार
वाके गुण जब अति चढ़ैं वर्षत नयन अपार
वर्षत नयन अपार, मेघ सावन झारि लाई
अब बिछुरे कब मिलो, कहो कैसी बनि आई
कह गिरिधर कविराय, सुनो ही बिनती एहा
हे करतार दयालु, देहु जानि मित्र-बिछोहा।।5।।

मतलब का व्यवहार

साईं सब संसार में, मतलब का व्यवहार
जब लगि पैसा गांठ में, तब लगि ताको यार
तब लगि ताको यार, संग ही संग में डोलैं
पैसा रहा न पास, यार मुख सों नहि बोलैं
कह गिरिधर कविराय, जगत यहि लेखा भाई
बिनु बेगरजी प्रीति, यार बिरला कोइ साईं।।6।।

हीरा

हीरा अपनी खानि को, बार-बार पछिताय
गुण कीमत जानै नहीं, तहाँ बिकानो आय

तहाँ बिकानो आय, छेद करि कटि में बाँध्यो
बिन हरदी, बिन लोन, मांस ज्यों फूहर राँध्यो
कह गिरिधर कविराय, कहाँ लगि धरिए धीरा
गुण कीमति घटि गई, यहै कहि रोयो हीरा।।7।।

हंस

हंसा हियँ रहिए नहीं, सरवर गयो सुखाय
काल्हि हमारी पीठ पै, बगुला धरिहैं पायँ
बगुला धरिहैं पायँ, इहाँ आदर नहि ह्वै है
जगत हँसाई होय, बहुरि मन में पछितैहै
कह गिरिधर कविराय, दिनै दिन बाढ़ै संसा
याहू से घटि जाय, तबै का करिहै हंसा।।8।।

हंसा उड़ि देसहिं चले, सरवर मीत जुहार
हम तुम कबहूँ भेटिहैं, संदेसन व्यवहार
संदेसन व्यवहार, सदा जल पूरण रहियो
सुख संपत्ति धन राज्य, सदा चिर जीवत रहियो
कह गिरिधर कविराय, केलि की रही न मंसा
दै असीस उड़ि चले, देस अपने को हंसा।।9।।

कौवा

कौवा कहे मराल से कहा जाति, कह गोत
तुम ऐसे बदरूपिया, कहूँ न जग में होत
कहूँ न जग में होत, महामैले मलखाना
बैठि कचहरी जाय, वेद मर्याद न जाना
कह गिरिधर कविराय, सुना ही पछी हौवा
धन्य मुल्क यह देस, जहाँ के राजा कौवा।।10।।

छल-नीति

साईं ऐसी हरि करी, बलि के द्वारे जाय
पहिले हाथ पसरिके, बहुरि पसारे पाँय

बहुरि पसारे पाँय, मतो राजा ने बतायो
भूमि सबै हरि लई, बांधि पाताल पठायो
कह गिरिधर कविराय, राउ राजन के ताईं
छल बल करि प्रभु मिले, ताहि को तुष्टै साईं।।11।।

संपत्ति का सदुपयोग

पानी बाढ़ो नाव में; घर में बाढ़ो दाम
दोनों ही हाथ उलीचिए, यही सयानो काम
यही सयानो काम, राम को सुमिरण कीजै
पर-स्वारथ के काज, सीस आगे धरि दीजै
कह गिरिधर कविराय, बड़े की याही बानी
चलिए चाल सुचाल, राखिए अपनो पानी।।12।।

राम की कृपा

करै कृपा जिस पुरुष पर, अतिशय करिकै राम
ताको कोई ना फुरै, लौकिक वैदिक काम
लौकिक वैदिक काम, रहै नहिं करनो बाकी
हर जगा, हर बखत, ब्रह्म की होवै झाँकी
कह गिरिधर कविराय, अविद्या जिसकी मरै
सर्व क्रिया के मांहि, एक खुद दरसन करै।।13।।

मूर्ख जनों का धन

अँधेरी पीसै पीसना, कूकर धस-धस खात
तैसे मूरख जनों का, धन अहमक लै जात
धन अहमक लै जात, संच करि वह भी मरिहैं
ताके पाछे और कुबुद्धी, दावा करिहैं
कह गिरिधर कविराय, भई इक विध की गँधरी
लग्यो श्वान को दाँव, पीसना पीसे अँधरी।।14।।

संत-मत

रहनो सदा इकंत को, पुनि भजनो भगवंत
कथन श्रवण अद्वैत को, यही मतो है संत

यही मतो है संत, तत्व को चिंतन करनों
प्रत्येक ब्रह्म अभिन्न, सदा उर अंतर धरनों
कह गिरिधर कविराय, वचन दुर्जन को सहनों
तज के जन-समुदाय, देस निरजन में रहनों।।15।।

प्रवृत्ति मार्ग

छोटा जिव, हत्या बड़ी, अल्प लाभ, बहु खेद
सो ना पड़ै प्रवृत्ति में, जिन जान्यौ यह भेद
जिन जान्यौ यह भेद, नहीं वह छानत भूसा
खोदै महा पहाड़, मिले इक लघु सा मूसा
कह गिरिधर कविराय, जान्यो जिन मारग खोटा
सो ना तिसमें चलै, चलै सो मति का छोटा।।16।।

फकीरी

एक फकीरी लाभ जब, दूसर ज्ञान अथाह
उभै रतन ढिग जिनहिके, तिनको क्या परवाह
तिनको क्या परवाह, वस्तु जिस पास अमोलक
कौन तिन्होंको कमी, अटूट धन जिन घर गोलक
कह गिरिधर कविराय, भ्रांति जिन दीनी छेक
सो क्यों होवै दीन, ब्रह्म-व्रत जिनके एक।।17।।

दृश्य जगत

ऐसी रचना तैं रची, अतुल असंख्य ख-माप
रचकर जब देखन लग्यो, भूलि गयो फिर आप
भूलि गयो फिर आप, झूँठ को सच करि जान्यो
सांचे को पुनि झूँठ, देव को देवल मान्यो
कह गिरिधर कविराय, सुपन की सृष्टी जैसी
जाग्रत में रह नाहिं, दृश्य संपूरण ऐसी।।18।।

आत्मा

बिगरे तो जो होय कछु, बिगरनवाली शै
अक्लेदय, अदाह्य, अशोष्य को, कौन सखस को भै

कौन सखस को भै, बुद्धि यह जिसने पाई
तिसके ढिग दिलगीरि, कदाचित नाहीं आई
कह गिरिधर कविराय, काज त्रय जो ना डिगरे
अचल, अछेद्य, अकृत्रिम, से कहु कैसे बिगरे।।19।।

आत्म-चिंतन

चार पहर दिन हर बखत, चार पहर पुनि रात
आतम-चिंतन कीजिए, त्याग अनातम बात
त्याग अनातम बात, प्रसंग न कबहुँ चलावै
अद्वय अखंड अपार, आतम मन तिसमें लावै
कह गिरिधर कविराय, आपको चीने सार
देह, मन, इंद्रिय, प्राण—यह मिथ्या जाने चार।।20।।

त्याग

महिमा जो निर्वेद की, को कहि सके उदार
त्यागी बंधन सों मुकत, बाकी सब ग्रिफ्तार
बाकी सब ग्रिफ्तार, दीन आधीन भयो जी
निज स्वरूप को भूल, आपको मान लियो जी
कह गिरिधर कविराय, न लागत है इक लहिमा
जिस क्षण करहै त्याग, उसी क्षण होवत महिमा।।21।।

परमार्थ

परमारथ पहिली सिढ़ी, जासु नाम निर्वेद
पामर ताको ना लहैं, पावत हैं नित खेद
पावत हैं नित खेद, उसे नहिं त्याग सके मुध
मोह मदिरा से मत्त, स्व-पर की नहीं रही सुध
कह गिरिधर कविराय, जो नर तनु खोत अकारथ
बाह्यमुखी हो रहे, न समुझे कछु परमारथ।।22।।

पाखंड-निषेध

चमरी, दमरी, बाल, गृह, होय नेह इन बीच
ऊपर चिह्न विरक्त का, सो दुर्बुद्धी नीच

सो दुर्बुद्धी नीच, पशू गर्दभ की नाईं
भयो भ्रष्ट पापिष्ट, गृहस्थ न भयो गुसाईं
कह गिरिधर कविराय, देखावत बजरी अमरी
यती लिंग को धार, गाँठ में बाँधत दमरी।।23।।

वृद्धावस्था

बाल तरुण अरु वृद्ध यह, अवस्था तनु की तीन
तीनो में जो अंत की, अति कनिष्ठ यह चीन
अति कनिष्ठ यह चीन, करे धी को विपरीत
विस्मरण शास्त्र होत, जो पूर्व कियो अधीत
कह गिरधर कविराय, जानि सब ख्वाब खयाल
अविद्या का परिणाम, न समझत है वृद्ध बाल।।24।।

सांसारिक संबंध

निसबत तेरी किसी सों, ना है, न थी, न होग
मुहब्बत जिन सँग करे तू, सब सराय के लोग
सब सराय के लोग, समझकर पकड़ कायदा
समझेगा जिस बख्त, तुझे तब होगा फायदा
कह गिरिधर कविराय, जिसन की जेती किसमत
तितनो ही तिस होय, न जिस्मी की कोइ निसबत।।25।।

भूख

भूख विधाता ने रची, सबका हरे गुमान
क्षुधा-निवारण के अरथ, क्या नहिं करै पुमान
क्या नहिं करै पुमान, विहित अविहित ना देखे
खाँऊ खाऊँ करे रु भक्ष्याभक्ष्य न पेखे
कह गिरिधर कविराय, न ऐसा जग में दूख
त्रयलोकी में जैसी, यह व्यापी है भूख।।26।।

रोग

रोग ग्रसे जब देह को, होवे बुरा हवाल
ना तब दे दीदार खुद, ना पुनि करै जमाल

ना पुनि करै जमाल, किसी के जाकर धोरे
जो कोइ आवे पास, कहे तिस पाछे हो रे
कह गिरिधर कविराय, चित्त को पाछे सोग
पूर्वोक्त प्रकार करै, फिर लगे न रोग।।27।।

संत-संग

गंगा पाप, शशि ताप हर, कल्प दरिद्रहिं चूर
पाप, ताप अरु दीनता, संत संग हो दूर
संत संग हो दूर, अविद्या आदि कलेसू
संशय शोक विपर्यय, भ्रम का रहे न लेसू
कह गिरिधर कविराय, शुद्ध तिनका मत चंगा
सो भोगत ब्रह्मानंद, कठौती तिनको गंगा।।28।।

गुरु-शरण

करन-ग्राम अध्यात्म है, विषय सर्व अधिभूत
अधिदैविक पुनि देव है, त्रिपुटी लख अवधूत
त्रिपुटी लख अवधूत, रजो तम सत गुण रूप
आतम त्रिगुणातीत, चिदानंद स्वरूप
कह गिरिधर कविराय, पड़े जो गुरु की शरण
तिस जन को हो ज्ञान, रजोगुण सगरे करण।।29।।

चाह-सिद्धान्त

नारी होवे, नर हुवे, युवा वृद्ध जो कोय
जो जाको चाहै नहीं, ताको चहै न सोय
ताको चहै न सोय, रीति अज्ञ तज्ञ की येही
दुष्ट-बुद्धि सँग दुष्ट, साधु के परम सनेही
कह गिरिधर कविराय, खिलारी साथ खिलारी
प्रेमी साथ प्रेम करै, पशु बालक नर नारी।।30।।

संत की मर्यादा

बैठे खूँटी लोह की, चले तो मूठी पौन
कथै तो ब्रह्म-ज्ञान की, नहीं तो कर रहै मौन

नहीं तो कर रहै मौन, संत की यह मर्यादा
भूख लगै मँग खाय, टूकरा बासी ताजा
कह गिरिधर कविराय, विषय से मन को ऐंठे
बाह्यमुखी जन पास जाय कर कबौं न बैठे।।31।।

प्रतिष्ठा, गौरव, अभिमान तीनों त्याज्य

प्रतिष्ठा विष्ठा कूकरी, गौरव रौरव नरक
अभिमान वारुणी-पान है, त्रितय त्यागे फरक
त्रितय त्यागे फरक, निरतिशय सुख तिस प्रापत
निःसंशय दीनता नाश होय, अस श्रुति गावत
कह गिरिधर कविराय, भई तिसकी मति भ्रष्टा
गर्व गारुरी करत, औ चाहत मान-प्रतिष्ठा।।32।।

अभ्यास प्रश्न

परिशिष्ट–1.1 समीक्षात्मक/लघुत्तरीय प्रश्न

प्र. 1. कबीर का साहित्यिक परिचय देते हुए निर्गुण काव्य-धारा की विशेषताओं का उल्लेख करें।

प्र. 2. कबीरदास के प्रामाणिक जीवन वृत्त और उनकी रचनाओं पर प्रकाश डालें।

प्र. 3. कबीरदास के दार्शनिक सिद्धान्तों का परिचय देते हुए हिन्दी काव्य जगत में इनका स्थान निर्धारित करें।

प्र. 4. कबीर अपने युग के क्रान्तिकारी कवि रहे हैं; इस कथन की समीक्षा करें।

प्र. 5. जायसी का साहित्यिक परिचय देते हुए इनके काव्य की प्रवृत्तियों को स्पष्ट करें।

प्र. 6. जायसी के जीवन वृत्त का परिचय देते हुए इनकी रचनाओं पर प्रकाश डालें।

प्र. 7. पद्मावत के महाकाव्य का स्वरूप स्पष्ट करते हुए उसकी काव्यगत विशेषताओं को सोदाहरण स्पष्ट करें।

प्र. 8. जायसी के शृंगार वर्णन पर विस्तार से प्रकाश डालें।

प्र. 9. जायसी के काव्य की कलागत प्रवृत्तियों को स्पष्ट करें।

प्र. 10. तुलसीदास का जीवन परिचय प्रस्तुत करते हुए इनकी रचनाओं का परिचय दें।

प्र. 11. तुलसीदास को लोकनायक क्यों कहा जाता है? सिद्ध करें।

प्र. 12. रामचरितमानस के महाकाव्य को स्पष्ट करें।

प्र. 13. तुलसीदास की काव्य-कला को प्रस्तुत करें।

प्र. 14. सूरदास के काव्य के आधार पर कृष्ण भक्ति काव्यधारा की प्रवृत्तियों का उल्लेख करें।

प्र. 15. सूरदास को वात्सल्य का अवतार क्यों कहा जाता हैं? संक्षेप में बताएँ।

प्र. 16. सूरदास का जीवन परिचय प्रस्तुत करते हुए इनकी रचनाओं पर प्रकाश डालें।

प्र. 17. सूरदास के काव्य की शैलीगत विशेषताओं का उद्घाटन करें।

प्र. 18. मीरां की जीवन घटनाओं और रचनाओं पर प्रकाश डालें।

प्र. 19. मीरां के काव्य की भावगत विशेषताओं को स्पष्ट करें।

प्र. 20. मीरां के काव्य की भक्ति भावना का परिचय उदाहरण सहित दें।

प्र. 21. रसखान के जीवन परिचय को प्रस्तुत करते हुए इनकी रचनाओं पर प्रकाश डालें।

प्र. 22. रसखान के काव्य का वर्ण्य विषय क्या है? स्पष्ट करें।

प्र. 23. रसखान के काव्य की भाषा-शैलीगत विशेषताओं का उद्घाटन करें।

प्र. 24. रसखान के काव्य में चित्रित भक्ति भावना के स्वरूप पर प्रकाश डालें।

प्र. 25. बिहारी के जीवन परिचय को प्रस्तुत करते हुए इनकी काव्य रचना की विशेषताओं को स्पष्ट करें।

प्र. 26. बिहारी सतसई के काव्य सौष्ठव पर प्रकाश डालें।

प्र. 27. बिहारी सतसई की भाषा शैली पर प्रकाश डालें।

प्र. 28. हिन्दी साहित्य में सतसई परम्परा का परिचय देते हुए उसमें बिहारी सतसई का स्थान निर्धारित करें।

प्र. 29. बिहारी की अलंकार योजना पर प्रकाश डालें।

प्र. 30. घनानन्द के व्यक्तित्व और कृतित्व को स्पष्ट करें।

प्र. 31. घनानन्द के काव्य की भावगत विशेषताओं का परिचय प्रस्तुत करें।

प्र. 32. घनानन्द के काव्य की भाषागत विशेषताओं पर प्रकाश डालें।

प्र. 33. घनानन्द उन्मुक्त प्रेम के कवि हैं; सिद्ध करें।

प्र. 34. देव कवि मूलतः श्रृंगारी कवि हैं; इस कथन की समीक्षा करें।

प्र. 35. देव कवि का जीवन परिचय प्रस्तुत करते हुए इनकी रचनाओं पर प्रकाश डालें।

प्र. 36. देव कवि के काव्य की भाषा-शैलीगत विशेषताओं को उदाहरणों द्वारा स्पष्ट करें।

प्र. 37. पद्माकर का जीवन परिचय प्रस्तुत करते हुए इनकी रचनाओं पर प्रकाश डालें।

प्र. 38. पद्माकर के काव्य की भावगत विशेषताओं को प्रस्तुत करें।

प्र. 39. पद्माकर के काव्य में प्रकृति चित्रण पर प्रकाश डालें।

प्र. 40. पद्माकर के काव्य की भाषा-शैलीगत विशेषताओं का उल्लेख करें।

प्र. 41. पद्माकर के काव्य के विविध वर्ण्य विषय कौन-कौन से हैं; उदाहरणों से सिद्ध करें।

प्र. 42. भूषण का जीवन परिचय प्रस्तुत करते हुए इनकी रचनाओं पर प्रकाश डालें।

प्र. 43. भूषण के काव्य की राष्ट्रीय चेतना का विवेचन करें।

प्र. 44. भूषण के काव्य की भावगत प्रवृत्तियों का परिचय प्रस्तुत करें।

प्र. 45. भूषण के काव्य की भाषा-शैलीगत विशेषताओं पर प्रकाश डालें।

प्र. 46. भूषण के काव्य का वर्ण्य विषय क्या रहा है? और उन्होंने किन-किन राजाओं की वीरता की प्रशंसा की है? संक्षेप में बताएँ।

प्र. 47. गिरिधर कविराय का परिचय प्रस्तुत करते हुए इनकी रचनाओं पर प्रकाश डालें।

प्र. 48. गिरिधर कविराय के काव्य के विविध वर्ण्य विषयों पर प्रकाश डालें।

प्र. 49. गिरिधर कविराय के काव्य की भावगत विशेषताओं को उद्घाटित करें।

प्र. 50. गिरिधर कविराय के काव्य की भाषा पर प्रकाश डालें।

प्र. 51. गिरिधर कविराय रीतिकालीन कवियों में विशिष्ट कवि माने जाते हैं; अपने मत की पुष्टि विविध उदाहरणों से करें।

परिशिष्ट–1.2 अति लघुत्तरीय/वस्तुनिष्ठ प्रश्न

प्र. 1. कबीर का जन्म कब हुआ?

प्र. 2. कबीर का जन्म कहाँ हुआ?

प्र. 3. कबीर की जाति क्या थी?

प्र. 4. कबीर हिन्दी साहित्य के किस काल में हुए?

प्र. 5. कबीर का गुरु कौन था?

प्र. 6. कबीर की मृत्यु किस स्थान पर हुई?

प्र. 7. कबीर की भाषा क्या थी?

प्र. 8. कबीर की साधना का स्वरूप क्या है?

प्र. 9. जायसी का जन्म कहाँ हुआ?

प्र. 10. जायसी की भाषा क्या थी?

प्र. 11. जायसी की तीन रचनाओं के नाम बताओ?

प्र. 12. जायसी के महाकाव्य का नाम बताओ।

प्र. 13. जायसी किस काव्यधारा के कवि हैं?
प्र. 14. जायसी की साधना का स्वरूप क्या था?
प्र. 15. जायसी का जन्म काल क्या है?
प्र. 16. जायसी का पूरा नाम बताएँ?
प्र. 17. जायसी किस राजा के राज कवि थे?
प्र. 18. गोस्वामी तुलसीदास के आराध्य कौन थे?
प्र. 19. तुलसीदास का जन्मकाल क्या है?
प्र. 20. तुलसीदास का जन्म स्थान किसे माना जाता है?
प्र. 21. तुलसीदास के पिता का नाम बताओ?
प्र. 22. तुलसीदास का विवाह किससे हुआ?
प्र. 23. तुलसीदास का ख्याति प्राप्त महाकाव्य कौन है?
प्र. 24. तुलसीदास की मृत्यु कब हुई?
प्र. 25. तुलसीदास किस भक्तिधारा से थे?
प्र. 26. तुलसीदास ने अधिकांश साहित्य किस भाषा में लिखा?
प्र. 27. तुलसीदास का दार्शनिक मत क्या था?
प्र. 28. मीराँ ने किस की आराधना की?
प्र. 29. मीराँ का जन्म कहाँ हुआ?
प्र. 30. मीराँ का जन्म किस काल में हुआ?
प्र. 31. मीराँ की शादी किससे हुई?
प्र. 32. मीराँ की मृत्यु किस मन्दिर में मानी जाती है?
प्र. 33. मीराँ की काव्य भाषा प्रधान रूप से क्या थी?
प्र. 34. मीराँ की भक्ति किस भाव की थी?
प्र. 35. मीराँ की मृत्यु कब हुई?
प्र. 36. रसखान का वास्तविक नाम क्या था?
प्र. 37. रसखान किस जाति से थे?
प्र. 38. रसखान का जन्म कब हुआ था?
प्र. 39. रसखान के आराध्य कौन हैं?
प्र. 40. रसखान की मृत्यु कब हुई?
प्र. 41. रसखान ने किस भाषा में लिखा?
प्र. 42. रसखान ने किस जगह में रहकर साहित्य रचना की?
प्र. 43. रसखान के काव्य की शैली का नाम बताओ?
प्र. 44. सूरदास का जन्म स्थान किसे माना जाता है।

प्र. 45. सूरदास का जन्म कब हुआ?
प्र. 46. सूरदास की गऊ घाट पर किन से भेंट हुई थी?
प्र. 47. सूरदास किस मन्दिर में साधना करते थे?
प्र. 48. अष्टछाप की स्थापना किसने की?
प्र. 49. सूरदास का भक्ति मार्ग कौन सा था?
प्र. 50. सूरदास का सबसे प्रसिद्ध ग्रन्थ कौन है?
प्र. 51. सूरदास का देहान्त कब माना जाता है?
प्र. 52. बिहारी का जन्म कब हुआ?
प्र. 53. बिहारी का जन्म कहाँ हुआ?
प्र. 54. बिहारी ने किस भाषा में काव्य रचना की?
प्र. 55. बिहारी की काव्य कृति का नाम बताएँ?
प्र. 56. बिहारी लाल का बचपन कहाँ बीता?
प्र. 57. बिहारी सतसई का वर्ण्य विषय क्या है?
प्र. 58. बिहारी सतसई में कितने दोहे हैं?
प्र. 59. बिहारी हिन्दी साहित्य के किस युग के कवि हैं?
प्र. 60. किस मुगल शासक ने इन्हें अपना दरबारी कवि बनाया था?
प्र. 61. बिहारी ने "नहिं पराग नहिं मधुर मधु" दोहा किस राजा के लिए लिखा था?
प्र. 62. घनानन्द का जन्म कब हुआ?
प्र. 63. घनानन्द किस जाति के थे?
प्र. 64. घनानन्द किस मुगल सम्राट के मीर मुंशी थे?
प्र. 65. घनानन्द का किस नर्तकी से प्रेम था?
प्र. 66. घनानन्द ने किस सम्प्रदाय में दीक्षा ली थी?
प्र. 67. घनानन्द का देहान्त कब हुआ?
प्र. 68. घनानन्द ने किस भाषा में काव्य रचना की?
प्र. 69. घनानन्द के काव्य का मुख्य वर्ण्य विषय क्या था?
प्र. 70. आचार्य रामचन्द्र शुक्ल ने देव कवि का जन्म कब बताया है?
प्र. 71. देव कवि का पूरा नाम क्या है?
प्र. 72. देव कवि का जन्म किस स्थल पर हुआ है?
प्र. 73. देव कवि के पिता का नाम बताएँ?
प्र. 74. मिश्र बन्धुओं ने देव कवि की जाति क्या बताई है?
प्र. 75. देव कवि हिन्दी साहित्य के किस काल से हैं?
प्र. 76. देव कवि ने मुख्यतः किस भाषा में काव्य रचना की?

प्र. 77. देव कवि को किस राजा से सर्वाधिक सम्मान मिला?
प्र. 78. देव कवि की तीन प्रमुख रचनाओं के नाम बताएँ?
प्र. 79. पद्माकर का जन्म कब हुआ?
प्र. 80. रामचन्द्र शुक्ल के अनुसार पद्माकर की जन्म स्थली कहाँ है?
प्र. 81. पद्माकर का सम्बन्ध हिन्दी साहित्य के किस काल से है?
प्र. 82. अवध नरेश के लिए इन्होंने कौन सा ग्रन्थ लिखा?
प्र. 83. पद्माकर के पिता का नाम बताएँ?
प्र. 84. पद्माकर ने किस भाषा में काव्य रचना की?
प्र. 85. किस मराठा राजा ने पद्माकर को एक लाख और दस गाँव देकर सम्मानित किया था?
प्र. 86. पद्माकर की मृत्यु कब हुई?
प्र. 87. राजा जगत सिंह की प्रशंसा में पद्माकर ने कौन सा ग्रन्थ लिखा?
प्र. 88. महाकवि भूषण का जन्म कब माना जाता है?
प्र. 89. भूषण इनका नाम है अथवा उपाधि?
प्र. 90. भूषण का जन्म कहाँ पर हुआ?
प्र. 91. भूषण के पिता का नाम बताएँ?
प्र. 92. किस राजा ने इन्हें भूषण उपनाम दिया?
प्र. 93. भूषण के काव्य में कौन सा रस प्रधान है?
प्र. 94. भूषण हिन्दी साहित्य में किस काल के कवि रहे हैं?
प्र. 95. भूषण ने किस काव्य भाषा का प्रयोग किया है?
प्र. 96. भूषण की मृत्यु कब मानी जाती है?
प्र. 97. किस मुगल शासक के अत्याचारों के विरोध में भूषण ने कविता लिखी?
प्र. 98. भूषण का काव्य किस श्रेणी में आता है?
प्र. 99. गिरिधर कविराय का जन्म काल शिवसिंह सरोज में क्या बताया है?
प्र. 100. गिरिधर कविराय के पिता जी का नाम बताएँ?
प्र. 101. गिरिधर कविराय हिन्दी साहित्य के किस काल के कवि रहे हैं?
प्र. 102. गिरिधर कविराय की प्रसिद्ध रचना का नाम बताएँ?
प्र. 103. पंजाब छोड़कर गिरिधर कविराय कहाँ चले गये थे?
प्र. 104. गिरिधर कविराय के काव्य के मुख्य वर्ण्य विषय क्या थे?
प्र. 105. गिरिधर कविराय की काव्य भाषा मुख्य रूप से क्या थी?
प्र. 106. गिरिधर कविराय की मृत्यु कब हुई?
प्र. 107. गिरिधर कविराय की दो रचनाओं के नाम बताओ?